IL MARTIRE DELLE CATACOMBE

Una storia dell'antica Roma

«Se soltanto per fini umani ho lottato
con le belve ad Efeso, che utile ne ho?
Se i morti non risuscitano,
mangiamo e beviamo,
perché domani moriremo»
1 Corinzi 15:32

VTR

Titolo originale: The Martyr of the Catacombs
Versione italiana a cura di Thomas Mayer e Kurt Jost

ISBN 978-3-941750-16-6

VTR, Gogolstr. 33, 90475 Nürnberg, Germania
VTR Pubblicazioni, Via Bentivoglio, 8, 29100 Piacenza, Italia
http://www.vtr-online.eu

In collaborazione con
Soli Deo Gloria
C.P. 113
29100 Piacenza
☎ 0523 / 453281
http://www.solideogloria.name

Traduzione a cura di
Cinzia Giorni e Raphael David Guitto
Illustrazione in copertina: Francesco Pussumato / GRAFOS
Disposizione: VTR
Printed by Lightning Source

Indice

PREFAZIONE 5

CAPITOLO 1: IL COLOSSEO 7

CAPITOLO 2: IL CAMPO PRETORIANO 14

CAPITOLO 3: LA VIA APPIA 19

CAPITOLO 4: LE CATACOMBE 24

CAPITOLO 5: IL SEGRETO DEI CRISTIANI 29

CAPITOLO 6: IL NUVOLO DI TESTIMONI 34

CAPITOLO 7: LA CONFESSIONE DI FEDE 44

CAPITOLO 8: LA VITA NELLE CATACOMBE 49

CAPITOLO 9: LA PERSECUZIONE 56

CAPITOLO 10: L'ARRESTO 61

CAPITOLO 11: L'OFFERTA 65

CAPITOLO 12: LA PROVA DI POLLIO 70

CAPITOLO 13: LA MORTE DI POLLIO 74

CAPITOLO 14: LA TENTAZIONE 78

CAPITOLO 15: LUCULLO 82

PREFAZIONE

Vi presentiamo questo libretto: "Il martire delle catacombe – una storia dell'antica Roma". Questo testo è interessante per diversi motivi.

In primo luogo possiamo dire che il modo come questo testo è arrivato a noi, è un miracolo. Una copia del libro fu salvata da un vascello americano co-mandato dal capitano Richard Roberts che lo trovò abbandonato in mare do-po un tremendo uragano nel Gennaio del 1876.

In secondo luogo in questa storia vediamo la potenza di Dio in azione. Un giovane scettico e nemico di Gesù dell'esercito romano, conosce dei veri cri-stiani che si trovano sotto la crudele persecuzione dell'impero romano. Egli viene attirato dal loro esempio e trasformato dalla potenza del Vangelo e per l'ultimo è pronto a dare la sua vita per questa causa.

In terzo luogo attraverso questo piccolo volume, si conosceranno i costumi e la vita reale di quei tempi.

È vero che quello che si presenta in questo libro è successo circa 2000 anni fa, ma non vogliamo dimenticare che oggi tanti cristiani si trovano nella stes-sa situazione di sofferenze in certe parti del mondo. Chi di noi può dire che vivremo sempre una vita senza persecuzione come adesso? Vogliamo chie-derci: siamo pronti a prendere posizione per il Vangelo come questi fratelli perseguitati descritti in questa storia? Com'è la nostra fede? È vera e autenti-ca che non vacilla sotto le prove più dure?

Kurt Jost

CAPITOLO 1
IL COLOSSEO

«Macellati per compiacere i Romani.»

Era un gran giorno di festa a Roma. Da tutti i quartieri, un vasto numero di persone si stava dirigendo verso una destinazione comune. Al di là della collina Capitolina, attraverso il Foro, passato il tempio della Pace, l'arco di Tito e il palazzo Imperiale, la folla continuò fino a che raggiunse il Colosseo, dove entrò attraverso le centinaia di porte e attraversandole sparì.

Lì una scena meravigliosa si presentava da sola: sotto si estendeva la vasta arena, circondata dalle file di posti a sedere senza numero che arrivavano fino alla cima del muro esterno, ad oltre cento piedi. L'intera superficie era coperta di esseri umani di ogni classe e di ogni età. Una così grande assemblea riunita in quel modo, presentava alla vista lunghe file di facce severe, che si estendevano in successione, formando uno spettacolo senza uguali e che era stato calcolato nei minimi particolari per catturare l'anima degli spettatori. Più di centomila persone erano lì raccolte, animate da un comune sentimento e incitate da una sola passione. Era la sete di sangue che le portava qua e là e da nessuna parte possiamo trovare un più triste commento della gloriosa civilizzazione dell'antica Roma, se non in questo suo grandioso spettacolo.

Lì si trovavano guerrieri che avevano combattuto guerre in paesi stranieri e che erano abituati a compiere gesta di grande valore, eppure non provavano alcuna indignazione alle scene di codardia che si presentavano ai loro occhi. Nobili di antiche famiglie si trovavano presenti, ma non trovavano, in questo spettacolo brutale, nessuna macchia che minasse l'onore della propria nazione. Filosofi, poeti, sacerdoti, condottieri, i più grandi così come i più piccoli del paese, riempivano quei posti a sedere; le grida e gli applausi dei Patrizi erano tanto rumorosi ed esprimevano tanto desiderio di sangue quanto quelli dei Plebei. Che speranza poteva quindi esserci per Roma, quando i cuori del suo popolo si erano totalmente abbandonati a questa oppressione cruenta e brutale?

In un posto che sovrastava gli altri nell'anfiteatro, si trovava l'imperatore Decio (Decius), vicino al quale si trovavano tutte le persone più eminenti tra i romani. Tra di essi, c'era un gruppo di ufficiali appartenenti alla Guardia Pretoriana, che commentavano i diversi punti della scena davanti a loro con un'aria da intenditori. Le forti risate, la gaiezza e i loro splendidi abiti, li rendevano oggetto di molte attenzioni da parte dei loro vicini.

Diversi spettacoli preliminari erano già stati introdotti ed ora i combattimenti potevano cominciare. Furono presentati alcuni duelli corpo a corpo, molti dei quali risultarono fatali, che portarono differenti gradi di interesse a seconda del coraggio e dell'abilità dei combattenti.

Il loro effetto fu quello di stimolate l'appetito dello spettatore ad un piacere più appassionato e di dargli un desiderio per eventi più esaltanti, che sarebbero seguiti.

Un uomo in particolare aveva trovato l'ammirazione e gli applausi della moltitudine. Era un africano della Mauritania, dalla forza e dalla statura di un gigante, in più la sua abilità sembrava eguagliare la sua forza. Usava il suo pugnale con una destrezza meravigliosa e aveva avuto la meglio su ogni avversario.

Stava ora per battersi con un gladiatore dalla Batavia, un uomo pari a lui per statura e forza. Il contrasto fra i due colpiva molto: l'africano era bruno, con capelli ricci ed occhi splendenti, il batavo nel complesso era magro, con capelli biondi ed espressivi occhi grigi. Era difficile stabilire di chi fosse il vantaggio, così il loro scontro sarebbe stato di tutto rispetto, ma, dal momento che il primo aveva già combattuto diverse volte, si pensava che le probabilità fossero contro di lui. L'incontro, comunque, iniziò con un grande spirito e desiderio di vittoria da entrambe le parti. Il batavo sferrava colpi tremendi, che venivano però schivati dalla destrezza dell'altro; l'africano era veloce e furioso, ma non poteva fare niente contro la fresca e cauta difesa del suo vigile avversario.

Alla fine, quando fu dato il segnale, il combattimento fu sospeso e i gladiatori furono condotti via, senza nessun accenno di misericordia o ammirazione, ma semplicemente cercando di capire quale fosse il modo migliore per soddisfare il pubblico romano. Si capiva comunque chiaramente, che sarebbero tornati di nuovo.

Questa volta un gran numero di uomini fu condotto nell'arena, anche questi erano armati di pugnale e, da un momento all'altro, avrebbero sferrato l'attacco. Non era più un conflitto tra due diverse parti, ma un combattimento generale, nel quale ogni uomo attaccava il suo vicino. Tali scene erano le più sanguinarie, le più eccitanti. Un conflitto di questo tipo avrebbe sempre annientato un maggior numero di persone in minor tempo. Cinquecento uomini armati, nel pieno della propria vita e delle proprie forze, stavano dibattendosi insieme; a volte diventavano praticamente un ammasso di corpi, altre volte diventavano una cosa sola con il mucchio di morti che giacevano a terra, anche in questo caso, però, si assalivano con una furia certamente non minore; lotte separate si sarebbero sviluppate tutt'intorno, ed i vincitori di una si sarebbero di nuovo riuniti alla folla di combattenti.

Ad un certo punto la battaglia si affievolì, dei cinquecento uomini ne rimasero solo cento, ed erano esausti e feriti. Improvvisamente fu dato un segnale e due uomini piombarono nell'arena ponendosi dalla parte opposta della folla. Erano l'africano e il batavo. Freschi dopo essersi riposati, si avventarono sopra gli esausti lottatori di fronte a loro, che non avevano né lo spirito per unirsi, né la forza per resistere.

Fu una carneficina. Questi due giganti sferrarono colpi a destra e a sinistra senza pietà, finché si trovarono soli in piedi nell'arena e l'applauso della moltitudine scese come il rumore di un tuono nelle loro orecchie.

A loro volta si attaccarono e attrassero l'attenzione degli spettatori, intanto che i corpi che erano stati feriti e massacrati, venivano rimossi. Il combattimento fu accanito come non mai, e piuttosto simile al precedente. L'africano era agile, il batavo cauto, ma alla fine, il primo sferrò un colpo disperato; il batavo lo parò e rispose con un colpo fulmineo. L'africano indietreggiò e lasciò cadere il suo pugnale, ma era già troppo tardi, perché il colpo del suo avversario gli aveva tranciato il braccio sinistro. Mentre cadeva, un rombo di gioia esplose fra i centomila esseri umani, ma non era ancora la fine perché, anche se il vincitore era in piedi sopra la sua vittima, gli addetti ai servizi nell'arena balzarono in avanti cacciandolo fuori. Eppure, i romani sapevano, così come l'uomo ferito, che non ci sarebbe stata misericordia; la sua fine era semplicemente rimandata.

"Il batavo è un lottatore abile, Marcello," disse uno dei giovani ufficiali ad un compagno del gruppo di cui abbiamo prima parlato.

"Sì, lo è veramente, Lucullo," replicò l'altro.

"Penso di non aver mai visto un gladiatore migliore, anche se entrambi erano fuori dal comune."

"C'è un uomo ancora più abile qui."

"Ah, e chi è?"

"Il gladiatore Macer, penso che sia il migliore che io abbia mai visto."

"Ho sentito di lui. Pensi che uscirà nell'arena oggi?"

"Suppongo di sì."

La breve conversazione fu interrotta da un forte ruggito proveniente dal serraglio, il posto dove erano confinate le bestie feroci. Era un ruggito fiero e terrificante, il tipico ruggito di un animale feroce quando è arrabbiato e affamato.

Presto le grate di ferro furono spalancate da un uomo che stava al di sopra e una tigre piombò nell'arena. Proveniva dall'Africa ed era stata portata lì solo qualche tempo prima. Era stata tenuta tre giorni senza cibo e la sua rabbia furiosa, dovuta alla fame e alla reclusione, aveva raggiunto un livello incredibile. Muovendo la sua coda come una frusta, girò nell'arena con gli occhi iniettati di sangue, fissando gli spettatori, ma ben presto l'attenzione di questi ultimi fu attirata da un altro soggetto: dalla parte opposta, un uomo fu gettato nell'arena. Non era armato, era nudo come tutti i gladiatori, ad eccezione di una fascia che gli cingeva i fianchi. Tenendo nella mano il tipico pugnale, avanzò in tutta tranquillità verso il centro della scena.

Tutti gli sguardi erano fissati su quest'uomo. "Macer! Macer!", esclamarono intorno numerosi spettatori.

La tigre presto lo vide ed emise un breve, ma incisivo ruggito selvaggio. Macer rimase fermo, con i suoi occhi tranquillamente fissi sulla bestia, che sbattendo la sua coda più freneticamente che mai, si diresse verso di lui. Alla fine, si accovacciò e quindi, con grande agilità, gli balzò addosso, ma Macer era preparato. Come un fulmine si lanciò alla sua sinistra e proprio nel momento in cui la tigre cadde sul terreno, egli sferrò un colpo veloce e deciso al cuore dell'animale; fu un colpo fatale. L'enorme bestia tremò dalla testa ai piedi e trascinandosi emise un ultimo ruggito, dopodiché, cadde morta sulla sabbia.

Ancora una volta l'applauso della moltitudine sorse come un tuono tutt'intorno.

"Meraviglioso," gridò Marcello.

"Non ho mai visto nessuno abile come Macer."

"Senza dubbio, deve aver lottato per tutta la sua vita," replicò l'amico.

Presto la carcassa della tigre fu portata via e il cigolio delle grate che si aprivano attrasse nuovamente l'attenzione. Questa volta era un leone. Si fece avanti piano piano e si guardò intorno come se fosse sorpreso. Era il più grande della sua specie, un gigante in quanto a taglia, ed era stato preservato per qualche antagonista di livello superiore. Sembrava in grado di affrontare un paio di animali della grandezza della tigre che l'aveva preceduto. In confronto a lui Macer sembrava un bambino.

Anche il leone era a digiuno da molto, ma non appariva tanto arrabbiato come la tigre. Attraversò l'arena e poi cominciò a girare in tondo con una specie di trotto, come se cercasse una via d'uscita. Scoprendo che ogni lato era sbarrato alla fine tornò al centro e, appoggiando il muso al terreno, emise un ruggito così forte, così acuto e duraturo, che anche le massicce pietre del Colosseo, vibrarono al suo suono.

Macer rimase immobile, nemmeno un muscolo della sua faccia si mosse. Teneva la testa eretta con la solita espressione scrutatrice e la sua spada pronta. All'improvviso, il leone si girò verso di lui. La bestia feroce e l'uomo si trovarono faccia a faccia fissandosi l'un l'altro, ma lo sguardo fisso e calmo dell'uomo, sembrava riempire di rabbia l'animale. Esso indietreggiò con la coda eretta, ed ergendo la criniera si accovacciò per compiere il terribile balzo.

La vasta moltitudine era in piedi incantata: lì c'era qualcosa degno del suo interesse.

La scura sagoma del leone si lanciò in avanti, ma ancora una volta la figura del gladiatore, con la sua abituale strategia, balzò in avanti e colpì. Stavolta, comunque, la spada colpì una costola, poi gli cadde dalle mani. Il leone era leggermente ferito e questo colpo servì solo a portare la sua furia al massimo livello. Macer tuttavia, non perse nemmeno per un attimo la sua presenza di spirito, nemmeno in un momento così tremendo. Completamente disarmato, era in piedi davanti alla bestia aspettando il suo attacco. Il leone saltava continuamente qua e là, ma ogni volta era evitato dall'agile gladiatore che, destreggiandosi, riuscì a rientrare in possesso della sua arma. Armato di questa spada "fidata", aspettò il balzo finale. Il leone si fece di nuovo avanti, ma questa volta Macer mirò giusto. La spada colpì il suo cuore. L'enorme bestia si accovacciò agonizzante. Rialzandosi sulle zampe, corse attraversando l'arena e con un ultimo ruggito cadde morta davanti alle sbarre dalle quali era entrata. Macer fu condotto via e riapparve il batavo. I romani richiedevano una certa varietà nella successione dello spettacolo. Una piccola tigre fu posta davanti a lui e fu presto vinta, poi fu la volta di un leone. Era estremamente feroce anche se la sua taglia risultava normale. Era evidente che il batavo non aveva le stesse capacità di Macer. Il leone fece un balzo e fu ferito, ma nello sferrare un secondo attacco, riuscì a colpire il suo avversario riducendolo letteralmente in pezzi. A quel punto Macer fu rimandato fuori e uccise il leone con facilità. Mentre era in piedi nell'arena in mezzo ad una miriade di applausi, un uomo entrò dalla parte opposta: era l'africano. Il suo braccio non era stato fasciato, ma penzolava coperto di sangue. Vacillava verso Macer dolorante e incerto. I romani sapevano che era stato mandato fuori per essere ucciso. Anche il malcapitato lo sapeva, così avvicinandosi al suo antagonista lasciò cadere la sua spada e cominciò a gridare disperato: "Dai, uccidimi e metti fine alle mie pene".

Tra la meraviglia di tutti, Macer indietreggiò e depositò la sua spada. Gli spettatori cercarono di immaginare cosa stesse succedendo e furono ancora più stupiti quando Macer si rivolse verso l'Imperatore protendendo le sue mani.

"Imperatore Augusto" gridò, "Sono un Cristiano! Combatterò contro le bestie feroci, ma non alzerò la mia mano sopra un altro essere umano. Piuttosto che uccidere morirò."

Dopodiché, un eclatante mormorio si elevò nell'arena.

"Che cosa ha detto?" gridò Marcello.

"Un Cristiano! Quando è successo?"

"Ho sentito" disse Lucullo "che è stato visitato nella sua cella da alcuni di questi miseri Cristiani e si è unito alla loro spregevole setta che sta raccogliendo tutti i rifiuti della specie umana. Si, è probabile che egli sia un Cristiano".

"Ed è disposto ad affrontare la morte piuttosto che lottare?"

"Questo è il modo di fare di quei fanatici."

La rabbia prese il posto della sorpresa nella folla inferocita. Erano indignati dal fatto che un semplice gladiatore avesse osato deluderli. Gli inservienti corsero fuori per intervenire: l'incontro doveva proseguire. Se Macer non voleva combattere, ne avrebbe dovuto affrontare le conseguenze.

Ma egli era fermo nella sua decisione. Disarmato, avanzò verso l'africano, che avrebbe potuto atterrare anche con un solo pugno. La faccia dell'africano sembrava quella di un demonio. Sorpresa, gioia, e trionfo scintillavano nei suoi occhi dall'aspetto sinistro. Afferrando la sua spada con una presa sicura, colpì Macer al cuore.

"Signore Gesù, ricevi il mio spirito." Le parole annegarono in un torrente di sangue e questo umile, ma coraggioso testimone, lasciò questa terra per unirsi al nobile esercito dei martiri.

"Ci sono spesso scene di questo tipo?" chiese Marcello.

"Spesso. Ogni volta che appaiono dei Cristiani. Essi combattono contro qualsiasi bestia, le ragazze affrontano leoni e tigri, ma nessuno di quei pazzi affronterà un uomo. Gli spettatori sono amareggiati e delusi a causa di Macer. Era il migliore di tutti i gladiatori, e diventando un Cristiano ha agito come un folle."

"Deve essere una religione meravigliosa se può portare un semplice gladiatore ad agire così," disse Marcello.

"Avrai l'opportunità di saperne di più!"

"In che modo?"

"Non l'hai saputo? Ti è stato affidato il compito di scovare alcuni di questi Cristiani. Essi si trovano giù nelle Catacombe e devono essere cacciati fuori."

"Pensavo ne avessero avuto abbastanza dal momento che cinquanta di loro sono stati bruciati questa mattina."

"E un centinaio sono stati decapitati la scorsa settimana, ma questo è niente. La città brulica di Cristiani e l'Imperatore ha stabilito di ripristinare totalmente l'antica religione. Dal momento che questi Cristiani sono apparsi, è iniziato il declino dell'impero. L'imperatore ha in mente di annientarli, essi sono una maledizione e devono essere trattati di conseguenza. Capirai presto."[1]

"Non sono stato abbastanza tempo a Roma per capire" disse Marcello umilmente "e non capisco cosa questi Cristiani realmente credano. Ho sentito di crimini di ogni tipo a loro imputati; comunque, se è come dici, avrò la possibilità di saperne di più."

A quel punto, un'altra scena attrasse la loro attenzione. Un vecchio entrò nell'arena. Era curvo, con capelli bianco argento e sembrava estremamente anziano. La sua apparizione fu accolta con grida di derisione, anche se il suo magnifico viso e le sue maniere dignitose, avrebbero dovuto destare ammirazione. Mentre le risate e le urla di scherno echeggiavano nelle sue orecchie, egli alzò il suo capo per pronunciare alcune parole.

"Chi è costui?" chiese Marcello.

"Alessandro, un maestro dell'abominevole setta dei Cristiani; è così testardo che non ripudierà mai ciò in cui crede -"

"Silenzio, sta parlando."

"Romani!" disse il vecchio uomo, "sono un Cristiano, il mio Dio è morto per me, e io dono con gioia la mia vita a lui."

Un grande brulicare di grida e maledizioni quasi sommersero la sua voce e ancora prima che potesse finire, tre pantere lo circondarono. Egli incrociò le sue braccia e con gli occhi rivolti al cielo, cominciò a muovere le labbra come se stesse sussurrando una preghiera. Le bestie feroci gli balzarono addosso e in pochi minuti fu ridotto a pezzi.

---

[1] "Questa persecuzione avvenne per mano dell'imperatore Decio, dal 249 al 251 d.C., durò circa 2 anni e mezzo. In seguito egli fu ucciso in battaglia con i Goti, più o meno alla fine del 251 d.C."

Altri animali selvaggi furono condotti nell'arena.

Erano tenuti nel recinto, ma saltarono contro la barriera e nella loro rabbia si assalirono uno con l'altro.

Fu una scena orrenda.

Nel mezzo di tutto questo, un gruppo di prigionieri inermi fu rudemente spinto nell'arena. Era composto principalmente da giovani ragazze, che venivano così sacrificate per placare la sete dei barbari Romani. La sola vista avrebbe mosso a compassione qualsiasi cuore in cui i sentimenti di tenerezza non fossero stati cancellati, ma per la misericordia non c'era posto a Roma. Tremanti ed impaurite, le povere giovani donne mostrarono la fragilità della natura umana dovendosi confrontare con la morte in una forma così terribile, ma dopo pochi momenti la fede riacquistò il suo potere, e le riscattò da ogni forma di paura. Come le bestie si resero conto della presenza delle loro prede e cominciarono ad avvicinarsi, le giovani unirono le loro mani e alzando gli occhi al cielo, iniziarono a cantare un inno solenne che salì in alto chiaro e meravigliosamente dolce:

"A Colui che ci ha amato,
a Colui che ha lavato i nostri peccati
col Suo Sangue.
A Colui che ci ha fatti sacerdoti e re,
al nostro Dio e Padre;
a Lui sia gloria e dominio
per sempre in eterno.
Alleluia, amen!"

Una dopo l'altra, le voci furono annegate nel sangue, nell'agonia e nella morte; una dopo l'altra le grida di angoscia si mescolarono con le esclamazioni di lode; e questi degni giovani spiriti, così eroici nella sofferenza e fedeli fino alla morte, continuarono il loro canto per unirlo ai salmi dei redenti in cielo.

CAPITOLO 2
IL CAMPO PRETORIANO

«Cornelio, il centurione, un uomo giusto e timorato di Dio.»

Marcello era nato a Gades ed era stato allevato nella dura disciplina dell'esercito romano. Era stato assegnato a missioni in Africa, in Siria e in Gran Bretagna, dove si era distinto, non solo per il coraggio, ma anche per l'abilità in campo. Per queste ragioni, aveva ricevuto onori e promozioni e al suo arrivo a Roma, dove era arrivato come portatore di dispacci, piacque tanto all'imperatore che fu assegnato ad un'onorevole stazione tra i Pretoriani.

Lucullo non era mai stato fuori dall'Italia, anzi, raramente era stato fuori città. Apparteneva ad una delle più vecchie e nobili famiglie romane e amava elargire benessere e potere. Rimase affascinato dalla natura coraggiosa e franca di Marcello e i due giovani uomini divennero buoni amici. La conoscenza profonda della capitale che Lucullo possedeva, lo rese capace di aiutare il suo amico e le scene descritte nel precedente capitolo avvennero durante una delle prime visite che Marcello aveva fatto al Colosseo restaurato.

Il campo Pretoriano era situato vicino alle mura della città, a cui era stato unito un altro muro che lo chiudeva. I soldati vivevano in camere come celle, costruite nel muro stesso. Erano numerosi e ben affiatati e la loro situazione nella capitale gli diede un tale potere e influenza, che per anni controllarono il governo della capitale.

Un posto di comando tra i Pretoriani era certamente una strada verso la fortuna e Marcello poteva aspirare ad eccellenti prospettive e futuri onori.

La mattina seguente Lucullo entrò nella sua stanza. Dopo i consueti saluti, parlò del combattimento a cui entrambi avevano assistito.

"Tali scene non sono di mio gusto," disse Marcello. "Sono dei codardi. Mi piace vedere due uomini preparati affrontarsi in un combattimento equo, ma una tale carneficina come quella che avete nel Colosseo, è detestabile. Perché Macer avrebbe dovuto essere ucciso? Era un uomo coraggioso e io gli rendo onore. E perché dovrebbero vecchi uomini o piccoli bambini essere posti davanti alle bestie feroci?"

"E' la legge. Sono Cristiani!"

"La risposta è sempre la stessa! Ma cosa hanno fatto i Cristiani di tanto grave? Li ho visti in ogni parte del mondo, ma non ho mai sentito che fossero coinvolti in atti di disturbo."

"Sono esseri umani della peggiore specie."

"Così si dice, ma che prove ci sono?"

"Prove? E' ben risaputo. Il loro crimine è che complottano in segreto contro le leggi e la religione di Stato. L'odio che hanno verso le nostre istituzioni è così intenso che morirebbero piuttosto che offrire sacrifici. Essi non appartengono ad un re o ad un monarca, ma al giudeo crocifisso che credono sia tuttora vivo e ci mostrano la loro malevolenza asserendo che, alla fine, noi tutti saremo torturati nell'Ades per sempre."

"Tutto ciò può essere vero, non lo so! Non so niente di ciò che li riguarda."

"La città e l'intero impero sono invasi da essi, e nota questo: il declino del nostro impero, che tutti vedono e di cui si lamentano, lo spargersi della debolezza e dell'insubordinazione, il restringimento dei nostri confini, tutto questo aumenta nello stesso modo in cui i Cristiani aumentano. Di chi può essere colpa, se non di questi malvagi?"

"Come hanno fatto a causare tutte queste cose?"

"Attraverso le loro pratiche e i loro detestabili insegnamenti. Insegnano che combattere è sbagliato, che i soldati sono i più vili fra gli uomini, che la nostra gloriosa religione, sotto la quale abbiamo prosperato, è una maledizione e che gli dei immortali sono dei demoni. Nei loro insegnamenti essi mirano ad abbattere ogni tipo di moralità; nelle loro pratiche private, commettono i più oscuri e folli crimini. Compiono ogni cosa in segreto, ma a volte riusciamo ad udire i loro discorsi malvagi e i loro indecenti canti."

"Tutto ciò è quindi molto serio e se è vero, meritano una severa punizione, ma secondo le tue affermazioni, essi si tengono in disparte e si conosce veramente poco su di loro. Dimmi, ti sembra che coloro che abbiamo visto soffrire ieri fossero come le persone che mi hai appena descritto? Ti sembrava che il vecchio uomo avesse trascorso la sua vita in circostanze viziose? Pensi che quelle giovani ragazze cantassero inni indecenti, mentre aspettavano i leoni?"

A Colui che ci ha amati,
a Colui che ha lavato i nostri peccati.

E Marcello cantò sottovoce le parole che aveva udite.

"Ti confesso, amico mio, che io ho fatto cordoglio per loro."

"Ed io," disse Marcello, "avrei pianto se non fossi stato un soldato romano. Considera per un momento: mi hai detto cose riguardo a questi Cristiani, che tu stesso hai confessato di aver saputo da persone che ignorano ciò che veramente avviene. Hai asserito che sono malfamati e vigliacchi, la feccia della terra. Io li ho visti mentre, a confronto con la morte, mostravano le più alte qualità dell'anima, l'hanno affrontata in modo nobile, sono morti dignitosamente. In tutta la sua storia, Roma non può produrre una tale scena di devozione, come quella vissuta ieri. Tu dici che detestano i soldati, eppure sono impavidi; mi hai detto che sono traditori, eppure non resistono alle leggi; hai dichiarato che sono impuri, eppure, se c'è purezza sulla terra, essa appartiene a quelle giovani donne che ho visto morire ieri."

"Hai un gran entusiasmo verso quei banditi!"

"No, non è così, Lucullo. Desidero solo conoscere la verità. Per tutta la mia vita ho udito questi resoconti, ma ieri per la prima volta, ho sospettato che possano essere falsi. Ora ti contesto con convinzione e trovo che la tua conoscenza sia basata sul niente. Ora ricordo che in tutto il mondo questi Cristiani sono pacifici e onesti. Non sono coinvolti in rivolte, o atti di disturbo e nessuno dei crimini da te citato, può essere provato contro di loro. Perché, allora, dovrebbero morire?"

"L'Imperatore ha senza dubbio le sue buone ragioni per comportarsi così!"

"Può essere stato istigato da consiglieri ignoranti e maliziosi."

"Penso che sia interamente una sua convinzione."

"Il numero di coloro che sono stati messi a morte è veramente grande."

"Oh sì, alcune migliaia, ma ne rimangono ancora molti; questi sono comunque al di fuori della nostra portata e questo mi ricorda il mio compito qui. Ti porto la commissione imperiale."

Lucullo estrasse dalle pieghe del suo mantello militare un rotolo di pergamena, che allungò a Marcello, questi ne esaminò il contenuto con gran foga. Gli era stato riconosciuto un grado maggiore e gli veniva assegnato il compito di scovare e arrestare i Cristiani nei loro nascondigli, con particolare attenzione alle Catacombe.

Marcello lesse il rotolo aggrottando le sopracciglia e lo ripose.

"Non mi sembri molto contento."

"Confesso che il compito è spiacevole. Sono un soldato e non amo dare la caccia a vecchi uomini e deboli bambini per conto dei miei superiori; tuttavia, come soldato, devo ubbidire. Dimmi qualcosa di più di queste Catacombe."

"Le Catacombe? E' un distretto sotterraneo che si estende in cunicoli sconosciuti che si diramano sotto la città. I Cristiani corrono alle Catacombe ogni qualvolta ci sia un pericolo e sono anche in grado di cremare i propri morti là sotto. Una volta lì, possono raggiungere gli edifici delle più alte cariche dello Stato."

"Chi ha fatto le Catacombe?"

"Nessuno lo sa esattamente. Esistono da tantissimo tempo. Credo che fossero state scavate allo scopo di ottenere sabbia per il cemento usato nelle costruzioni. Al momento, tutto il nostro cemento viene da lì e puoi vedere gli operai che lo portano in città lungo le grandi strade. Devono allontanarsi parecchio ora, perché nel corso delle epoche hanno scavato così tanto, che ora, sotto la città si è creata una falla."

"Esiste qualche entrata regolare?"

"Ci sono numerose entrate. Questa è la difficoltà. Se ce ne fossero poche, potremmo catturare i fuggitivi, ma non possiamo dirti in quale direzione recarti per avanzare verso di loro."

"C'è qualche distretto sospetto?"

"Sì, circa due miglia a sud della Via Appia, vicino alla tomba di Cecilia Metella, c'è una grande torre circolare e sai, sono stati frequentemente scoperti dei corpi lì. Si suppone che siano i corpi dei Cristiani che vengono dall'anfiteatro e che sono portati via per essere bruciati. Con l'avvicinarsi delle guardie, i Cristiani lasciano cadere i corpi e si dileguano. Dopo tutto però, questo non dà garanzie perché, una volta entrato nelle catacombe, non sei più vicino all'obiettivo di prima. Nessun essere umano può penetrare in quel labirinto senza l'assistenza di coloro che vivono lì."

"Chi vive lì?"

"I becchini, che ancora scavano per ottenere sabbia per gli edifici. Sono quasi tutti Cristiani e sono sempre al lavoro per scavare tombe per coloro che trovano la morte. Questi uomini hanno vissuto lì durante tutta la loro vita e non solo conoscono benissimo tutti i passaggi, ma hanno anche una specie di istinto che li guida."

"Non sei mai stato nelle Catacombe?"

"Una volta, molto tempo fa, un becchino mi ha guidato, ma rimasi per poco. La mia impressione fu quella di aver visto il posto più terribile del mondo."

"Ho sentito parlare delle Catacombe, ma non ho mai saputo niente di loro. E' strano che siano così poco conosciuti. Si potrebbero ingaggiare i becchini per condurre le guardie attraverso questo labirinto?"

"No, non tradiranno mai i Cristiani."

"Avete provato?"

"Certamente. Alcuni acconsentono e conducono gli ufficiali giudiziari attraverso i passaggi fino a che, questi ultimi si ritrovano confusi. Le loro torce si estinguono ed il terrore comincia ad avere il sopravvento. A questo punto, chiedono di essere riportati indietro. I becchini dichiarano che i Cristiani devono essere scappati via, così riaccompagnano i soldati al punto iniziale."

"Nessun soldato è stato abbastanza risoluto nell'andare avanti fino al ritrovamento dei Cristiani?"

"Se insistono nel continuare la ricerca, i becchini li fanno girare a vuoto continuamente, conducendoli nei passaggi innumerevoli che si intersecano nei vari distretti."

"Non è ancora stato trovato nessuno che tradisca i fuggitivi?"

"A volte, ma a cosa è servito? Al primo allarme, ogni Cristiano sparisce nel nulla, nella varie vie che si aprono ovunque."

"Le mie prospettive di successo sembrano minime."

"Sì, sono veramente poche, ma la nostra speranza sta nel tuo coraggio e nella tua astuzia. Il successo di questa impresa sarà la tua fortuna. Ora salutiamoci. Ti ho trasmesso tutto quello che sapevo e non avrai difficoltà a saperne di più interpellando qualsiasi becchino."

Dicendo così, Lucullo se ne andò.

Marcello appoggiò la testa sulle mani e si perse nei suoi pensieri, ma nel mezzo della sua meditazione, continuavano a riecheggiare i versi di quella gloriosa melodia che parla del trionfo sulla morte:

> A Colui che ci ha amati,
> A Colui che ci ha lavati dai nostri peccati.

CAPITOLO 3
LA VIA APPIA

«I sepolcri in triste mostra fanno la guardia alle ceneri dei potenti addormentati sulla Via Appia.»

Marcello si occupò del compito che gli era stato affidato senza aspettare oltre. Il giorno seguente cominciò le sue indagini e, siccome era soltanto un giro di ispezione, non prese soldati con sé. Cominciando dagli alloggi pretoriani, camminò fuori dalla città giù fino alla via Appia.

Questa strada famosa era affiancata, da entrambi i lati, da magnifiche tombe, tutte attentamente conservate dalle famiglie a cui appartenevano. In fondo alla strada si trovavano case e ville fitte come grappoli, ancora all'interno della città. L'aperta campagna era molto distante. Alla fine Marcello raggiunse un'enorme torre rotonda, che distava circa due miglia dalle porte della città. Era costruita con enormi blocchi di travertino, con bellissimi ornamenti che erano, allo stesso tempo, semplici. Il suo stile severo e la solida costruzione le conferiva un'aria di audace sfida contro la rovina del tempo. A questo punto, si fermò e si guardò indietro. Per uno straniero a Roma, ogni paesaggio presentava qualcosa di nuovo e interessante; di notevole prestigio era la lunga fila di tombe, esse erano ciò che restava dei grandi, nobili e coraggiosi dei tempi antichi, i cui epitaffi ricordavano le loro azioni onorevoli sulla terra e le oscure prospettive di una prossima vita sconosciuta.

Arte e sfarzo caratterizzavano questi sontuosi monumenti e l'affetto delle persone pie durante i secoli, li aveva preservati dal decadimento. Qui, dove Marcello si trovava, c'era il sublime mausoleo di Cecilia Metella; poco lontano si trovavano le tombe di Calatino e dei Servili. Ancora più in là, i suoi occhi caddero sui resti della tomba di Scipione, la classica architettura che fu santificata dalla "polvere dei suoi eroici abitanti".

Le parole di Cicerone ricorrevano nella sua mente:
"Quando esci dalla porta Capena e vedi la tomba di Calatino, di Scipione, dei Servili, e dei Metelli, puoi ancora dire che gli inquilini lì cremati sono infelici?"

C'era l'arco di Druso al di là della strada; da una parte c'era la grotta di Egeria e, più in là, il luogo dove Annibale una volta si fermò e lanciò il suo giavellotto contro le mura di Roma. La lunga serie di tombe continuava a distanza e terminava con la piramide di Caio Cestio, la quale presentava la più grande scena di magnificenza sulla faccia della terra che potesse mostrare un sepolcro.

Da ogni lato le abitazioni degli uomini coprivano il terreno, perché la città imperiale aveva, tempo indietro, eliminato i confini che originariamente la delimitavano, disseminando le sue case in ogni punto della campagna, così che ogni viaggiatore era in difficoltà nel dire dove finisse la campagna e dove iniziasse la città.

Da lontano i rumori della città, il rollio delle innumerevoli carrozze e la moltitudine di piedi che camminavano, raggiunsero le sue orecchie. Davanti a lui sorgevano monumenti e templi, lo splendore del palazzo imperiale, le innumerevoli cupole e colonne che si innalzavano come una città nell'aria e, al di sopra di tutto, l'elevato monte Capitolino, coronato dal tempio di Giove.

Ma più impressionante di tutto lo splendore delle case dei viventi, era la solennità della città dei morti. Che mostra di gloria architettonica era esibita intorno a lui! Lì sorgevano gli orgogliosi monumenti delle grandi, antiche famiglie di Roma. Eroismo, genialità, valore, orgoglio, lusso; ogni cosa che l'uomo stima o ammira, qui animava le eloquenti pietre e risvegliava le emozioni. Lì c'era la forma visibile della più alta influenza dell'antica religione pagana, eppure, gli effetti sull'anima, non corrispondevano mai con lo splendore delle loro forme esterne, o con la pomposità dei loro rituali. Gli epitaffi dei morti non mostravano la fede, ma l'amore per la vita trionfante; nessuna sicurezza di una vita immortale, ma un triste desiderio per i piaceri del mondo.

Questi furono i pensieri di Marcello mentre si trovava lì e di nuovo rammentò le parole di Cicerone: "Puoi pensare che gli inquilini lì cremati siano infelici?"

"Questi Cristiani" pensò, "coloro che sto cercando, sembra abbiano imparato più di quello che posso trovare in tutta la nostra filosofia. Non solo essi hanno vinto la paura della morte, ma hanno imparato a morire con allegrezza. Quale potere segreto hanno acquisito che può ispirare perfino i più giovani e i più deboli fra loro? Qual è il significato nascosto del loro canto? La mia religione può solo sperare nel fatto che io non sia infelice, la loro li conduce alla morte con trionfanti inni di gioia."

Come poteva Marcello proseguire la sua ricerca dei Cristiani? Folle di persone passavano di lì, ma nessuno sembrava in grado di poterlo assistere. Costruzioni di tutti i tipi, muri, tombe e templi lo circondavano, ma non vide nessun posto che potesse metterlo in contatto con le Catacombe.

Era quasi sul punto di non sapere più che cosa fare. Tornò indietro per la stessa strada e camminò lentamente, scrutando attentamente ogni persona che incontrava ed esaminando da vicino ogni edificio. Eppure non ottenne nessun risultato, a parte la scoperta che, in apparenza, non ci fosse segno di connessione con il mondo sotterraneo.

Il giorno passò e si fece tardi, ma Marcello si ricordò che c'erano molte entrate per le Catacombe, così continuò la sua ricerca, sperando di trovare prima della fine della giornata qualche indizio.

Alla fine, la sua costanza fu ricompensata. Aveva camminato avanti e indietro in ogni direzione, spesso ritornando sui suoi passi e ricominciando dal punto di partenza. La luce del giorno stava scemando e il sole stava sparendo all'orizzonte, quando con la coda dell'occhio catturò l'immagine di un uomo che stava camminando nella direzione opposta, seguito da un ragazzo. L'uomo era vestito con un abito poco elegante, macchiato e umido, sporco di sabbia e terra. La sua carnagione era bianca e pallida come uno che è stato a lungo imprigionato e la sua intera figura attrasse l'attenzione del giovane soldato.

Si fermò davanti all'uomo e appoggiandogli la mano sulla spalla, disse: "Tu sei un becchino. Vieni con me!"

L'uomo alzò lo sguardo e vide un viso severo. La vista dell'abito del soldato lo terrorizzò. In un istante scappò via e prima che Marcello potesse seguirlo, era già lontano e fuori dalla sua vista.

Ma Marcello si assicurò il ragazzo.

"Vieni con me," gli disse.

Il povero ragazzino lo guardò con una tale angoscia e paura che Marcello si commosse.

"Abbi pietà, per il bene di mia madre; lei morirà se io sarò preso!"

Il ragazzo si gettò ai suoi piedi mormorando queste parole con voce rotta.

"Non ti farò del male. Vieni," e lo condusse via verso uno spazio lontano dalla vista dei passanti.

"E ora" disse, fermandosi e confrontandosi col ragazzo, "dimmi la verità. Chi sei?"

"Il mio nome è Pollio," disse il ragazzo.

"Dove vivi?"

"A Roma."

"Cosa stai facendo qui?"

"Ero fuori per una commissione."

"Chi era quell'uomo?"

"Un becchino."

"Cosa facevi con lui?"

"Stava portando un fagotto per me."

"Cosa c'era nel fagotto?"

"Viveri."

"A chi li stavate portando?"

"A una persona povera che abita da queste parti."

"Dove vive?"

"Non lontano da qui."

"E ora, ragazzo, dimmi la verità: non sai niente delle Catacombe?"

"Ho sentito qualcosa a riguardo," disse il ragazzo calmo.

"Sei mai stato all'interno di esse?"

"Sono stato in qualcuna."

"Conosci nessuno che vive lì?"

"Alcuni. Il becchino vive lì."

"Allora, stavi andando nelle Catacombe con lui?"

"Cosa ci dovrei fare in un posto come quello a quest'ora?" Disse innocentemente il ragazzo.

"E' proprio quello che voglio sapere. Stavi andando là?"

"Come potrei osare andare lì, quando è proibito dalla legge?"

"Si è fatto tardi," disse Marcello brutalmente, "vieni con me al culto serale al tempio situato lassù."

Il ragazzo esitò. "Vado di fretta," disse.

"Ma tu sei mio prigioniero. Io non sono mai mancato al servizio d'adorazione degli dei. Tu devi venire ad assistere alla mia devozione."

"Non posso," disse fermamente il ragazzo.

"Perché, no?"

"Sono un Cristiano."

"Lo sapevo. Hai degli amici nelle Catacombe e stavi andando lì. Ecco chi sono le persone povere a cui stavi portando i viveri e la commissione era per loro."

Il ragazzo abbassò la testa e rimase in silenzio.

"Ora voglio che tu mi porti all'entrata delle Catacombe."

"Oh, soldato generoso, abbi pietà! Non chiedermi questo, non posso farlo. Non tradirò mai i miei amici!"

"Non ne hai bisogno. E' poca cosa mostrare un'entrata tra le migliaia che conducono giù di sotto. Pensi che le guardie non le conoscano già tutte?"

Il ragazzo pensò per un momento e alla fine diede il suo assenso.

Marcello lo prese per mano e lo seguì. Il ragazzo girò alla destra della Via Appia, camminando per un breve tratto. Lì si trovarono davanti ad una casa disabitata. Entrò e scese in una specie di cella. Lì c'era una porta che apparentemente si apriva su un gabinetto. Il ragazzo si avvicinò ad essa e si fermò.

"Voglio andare giù," disse Marcello, fermamente.

"Non oserai andare giù da solo, vero?"

"I Cristiani dicono di essere contrari ad uccidere. Perché, quindi, dovrei aver paura? Andiamo avanti."

"Non ho torce con me."

"Ma le ho io, sono venuto preparato. Andiamo."

"Non posso."

"Ti rifiuti?"

"Devo rifiutarmi," disse il ragazzo. "I miei amici e i miei parenti sono là sotto. Piuttosto che condurti da loro, morirei cento volte!"

"Sei coraggioso, ma non sai cosa significhi morire."

"Non lo so? Quale Cristiano può avere paura della morte? Ho visto così tanti dei miei amici morire in agonia e ho aiutato a bruciare i loro corpi. Non ti condurrò là, portami pure in prigione."

Il ragazzo si girò.

"Ma se io ti porto via, cosa penseranno i tuoi amici? Hai una madre?"

Il ragazzo abbassò la testa e scoppiò in un pianto a dirotto. Il solo menzionare quel caro nome, l'aveva sopraffatto.

"Vedo che ne hai una e che la ami. Portami giù e la rivedrai di nuovo."

"Non li tradirò mai! Morirò prima. Fai di me quello che vuoi."

"Se avessi intenzioni malvagie" disse Marcello, "pensi che andrei giù da solo?"

"Cosa può volere un soldato, per di più Pretoriano, dai Cristiani, se non distruggerli?"

"Ragazzo, non ho cattive intenzioni. Se mi guidi laggiù, ti prometto che non userò le mie conoscenze contro i tuoi amici. Quando sarò di sotto, sarò un prigioniero, ed essi potranno fare di me quello che vorranno."

"Mi assicuri che non li tradirai?"

"Lo faccio, per la vita di Cesare e gli dei immortali," disse Marcello solennemente.

"Allora, andiamo," disse il ragazzo. "Non abbiamo bisogno di torce. Seguimi con attenzione."

E il giovane varcò la stretta entrata.

CAPITOLO 4
LE CATACOMBE

*«Nessuna luce, ma piuttosto tenebre
visibili servivano solo per scoprire ...»*

Proseguirono il cammino nelle tenebre, fino a che il passaggio si ampliò e giunsero ai gradini che conducevano di sotto. Marcello afferrò le vesti del ragazzo e lo seguì. Era certamente una situazione che poteva provocare allarme. Egli stava volontariamente ponendo sé stesso nelle mani di uomini che la sua classe sociale aveva cacciato dall'aria aperta, in questi tetri soggiorni. Per loro, poteva solo essere considerato un persecutore, eppure, era tale l'impressione che si era fatto della loro gentilezza e mansuetudine, che non aveva nessun timore. Il ragazzo aveva il potere di condurlo alla morte nelle fitte tenebre di questi impenetrabili labirinti e, nonostante ciò, non gliene importava niente. Era il desiderio di conoscere di più di questi Cristiani, avere accesso ai loro segreti, che lo portava ad andare avanti; e, dal momento che aveva giurato, doveva ricordarsi del fatto che questa visita non venisse usata per tradirli o nuocere loro.

Dopo essere scesi per un po', camminarono a livello del terreno, ben presto entrarono in una piccola sala con una volta che era illuminata dalla luce fioca di una fornace. Il ragazzo aveva percorso il tragitto senza nessuna esitazione, dimostrando di avere una perfetta familiarità con la strada. Arrivato alla sala, accese una torcia che si trovava sul pavimento e riprese il suo viaggio.

C'è qualcosa nell'aria di una fornace che non trovi in nessun altro posto. Non è solamente la mancanza d'aria, l'umidità, o il fetore della terra, ma una certa indefinibile influenza che unisce tutte queste cose e le intensifica. Questa era l'aria che si respirava nelle Catacombe.

Il freddo e l'umido colpiva i visitatori come l'atmosfera fredda del reame della morte. I vivi sentivano il misterioso potere della morte.

Il giovane Pollio proseguì davanti e Marcello seguiva dietro. La torcia illuminava debolmente le intense tenebre. Nessuno splendore del giorno, nessun raggio se pur debole, potevano entrare lì, per dare sollievo all'intensità di quell'oscurità così oppressiva. Erano letteralmente tenebre, che si potevano tastare. La luce della torcia splendette per un po', poi si spense nelle tenebre. Il sentiero divenne tortuoso e disseminato di innumerevoli curve. Improvvisamente Pollio si fermò e indicò un punto. Marcello vide spuntare nell'oscurità un'apertura nel sentiero che conduceva ancora più giù: era un burrone, del quale non si vedeva il fondo.

"Dove conduce?"

"Di sotto."

"Ci sono ancora tanti passaggi là sotto?"

"Oh sì, tanti quanti ce ne sono qui e ancora altri più sotto. Ho sentito almeno tre differenti storie riguardo a questi sentieri, ed alcuni dei vecchi becchini dicono che a volte sono arrivati anche a grandissima profondità."

Il passaggio proseguiva in una maniera tale da dare l'idea di aver completamente perso l'orientamento. Marcello non poteva dire se si trovava ancora a pochi passi dall'entrata, o tremendamente lontano. Mentre la prima impressione di oscurità se ne andava, guardò più attentamente dove passava e ammirò più da vicino le meraviglie di quello strano posto. Lungo tutti i muri c'erano delle lapidi che sembravano coprire i lunghi e angusti scavi. Le nicchie erano scavate su entrambi i lati, ed erano così vicine da non lasciare che un piccolo spazio fra una e l'altra. Le iscrizioni che si trovavano sulle lapidi mostravano che quelle erano le tombe dei Cristiani. Non ebbe tempo per fermarsi a leggere, ma notò la frequente ricorrenza della stessa espressione:

HONORIA – QUI VIVE IN PACE
FAUSTA – IN PACE

Vicino ad ogni lapide, vide la stessa, dolce, gentile parola. "PACE," pensò Marcello, "che persone meravigliose sono questi Cristiani che anche nel mezzo di tali scenari, possono serbare il proprio nobile disprezzo per la morte."

I suoi occhi si abituarono sempre più all'oscurità. Ora il passaggio si faceva sempre più angusto, il soffitto si abbassava, le parti si avvicinavano. I muri erano ruvidi e tagliati grossolanamente, dal momento che gli operai li lasciavano così quando dovevano trascinare il loro ultimo carico di sabbia per gli edifici sopra.

L'umidità sotterranea e la crescita di funghi si spargeva ovunque, incupendo i già tristi colori e riempiendo l'aria di vapore pesante, mentre il fumo delle torce rendeva l'atmosfera ancora più opprimente.

Superarono centinaia di passaggi e marcature di posti dove incontrarono molti sentieri che si dividevano in diverse direzioni. Questi innumerevoli sentieri fecero capire a Marcello quanto il fatto di essere tagliato fuori dal mondo "di sopra" gli desse ben poche speranze. Il ragazzo teneva la sua vita nelle mani.

"Non si è mai perso nessuno?"

"Spesso."

"Che cosa ne è di loro?"

"A volte vagano fino a che incontrano degli amici, a volte non se ne sa più niente. A tutt'oggi però, la maggior parte di noi conosce il posto così bene che se perde la strada è in grado di ritornare in poco tempo ad un sentiero conosciuto."

Una cosa in particolare colpì il giovane soldato, era l'immenso numero di piccole tombe. Pollio gli disse che erano quelle dei bambini e questo provocò in Marcello un insieme di pensieri ed emozioni mai provate prima.

"Bambini," pensò. "Cosa fanno qui i piccoli, i puri, gli innocenti? Perché non sono stati bruciati fuori, dove il sole risplende e i fiori sbocciano dolcemente sopra le loro tombe? Dovevano proprio percorrere dei sentieri così bui durante la propria vita? Dovevano prendere parte alle sofferenze di coloro che fuggivano qui a causa della persecuzione? Doveva questa aria viziata e l'oscurità permanente di questi cupi posti accorciare la loro degna esistenza e mandare i loro spiriti immacolati a morire prima del tempo?"

"Abbiamo camminato a lungo," disse Marcello. "Arriveremo presto?"

"Molto presto," rispose il ragazzo.

Qualsiasi idea Marcello potesse essersi fatto prima di entrare lì sul fatto di cacciare fuori questi fuggitivi, si rendeva ora conto che tutti i tentativi di farlo sarebbero stati vani. Un esercito di uomini avrebbe potuto entrare lì senza mai venire a contatto con i Cristiani. Più lontano si spingevano, più il loro viaggio sarebbe stato senza speranza. Sarebbero stati costretti a passare attraverso gli innumerevoli passaggi e a vagare fino alla morte. Ma ad un tratto un dolce suono si udì da lontano e attirò la sua attenzione. Dolce al di là di ogni descrizione, basso e melodico, proveniva dal fondo dei lunghi passaggi e colpiva i suoi sensi affascinati come da una voce dal cielo. Mentre proseguivano, una luce apparse davanti a loro, che irrompeva con i suoi raggi nelle tenebre. Il suono si faceva più forte, ora crescendo in un coro magnifico, ora spegnendosi in un dolce lamento di supplica.

In pochi minuti raggiunsero una curva nel sentiero e la scena si parò davanti ai loro occhi.

"Stop," disse Pollio, arrestando il suo compagno e spegnendo la torcia. Marcello obbedì, e guardò con profondo desiderio lo spettacolo di fronte a lui.

Era una sala con un soffitto a volta della misura di circa quindici piedi di altezza e trenta piedi di larghezza. In questo posto c'erano stipate circa cento persone, uomini, donne e bambini. Da una parte si trovava un tavolo, dietro il quale c'era un venerabile uomo che sembrava essere il loro responsabile. Il luogo era illuminato con lo splendore delle torce che scacciava la spettrale oscurità sopra l'assemblea. Le persone erano consumate ed emaciate, e le loro facce erano caratterizzate dallo stesso pallore che Marcello aveva osservato nel becchino, ma l'espressione che avevano non era di dispiacere, miseria, o disperazione: la speranza illuminava i loro occhi, mentre le loro facce parlavano di gioia e trionfo. La scena commuoveva l'anima degli spettatori nell'intimo, il che confermava tutto quello che egli aveva visto dei Cristiani, il loro eroismo, la loro speranza, la loro pace, che era basata su qualcosa che era a lui nascosto. Mentre ascoltava, udì i loro canti, intonati dall'intera congregazione.

> Grandi e meravigliose sono le Tue opere,
> Signore Iddio onnipotente.
> Giuste e veraci sono le Tue vie,
> Re dei santi.
> Chi non ti temerà, o Signore,
> e glorificherà il Tuo nome?
> Perché Tu solo sei santo.
> Tutte le nazioni verranno e ti adoreranno,
> perché i Tuoi giudizi sono stati manifestati.

A questo punto ci fu una pausa. Il venerabile conduttore lesse qualcosa da un rotolo che suonava nuovo a Marcello. Era una sublime asserzione sull'immortalità dell'anima e della vita dopo la morte.

Alla fine, colui che stava leggendo proruppe con gioiose esclamazioni che portarono a mormorii di gratitudine ed entusiastica speranza da parte dei presenti. Le parole vibrarono nel cuore dell'ascoltatore, anche se non ne capiva il pieno significato: "O morte, dov'è la tua vittoria, o morte dov'è il tuo dardo? Ora il dardo della morte è il peccato, e la forza del peccato è la legge; ma ringraziato sia Dio che ci dà la vittoria per mezzo del Signor nostro Gesù Cristo."

Queste parole sembravano aprire la sua mente ad un nuovo mondo con nuovi pensieri. Peccato, morte, Cristo, con tutto quell'infinito insieme di idee che girava intorno ad essi, provocava la sua anima risvegliata. Il desiderio che aveva provato per i segreti dei Cristiani, stava ora bruciando ardentemente dentro di lui.

Il conduttore alzò la sua testa, e alzò le mani, pregando con fervore. Indirizzandosi al Dio invisibile, egli pronunciò una confessione di indegnità e ringraziò per essere stato lavato dal peccato attraverso il sangue e l'espiazione di Cristo. Egli pregò che lo Spirito dall'alto potesse lavorare in loro per renderli santi. Poi elencò i loro dispiaceri e pregò per la liberazione, chiedendo la fede in vita, la vittoria nella morte e una meravigliosa entrata in cielo nel nome del loro Redentore, Gesù.

Dopo questo, seguì un altro inno che fu cantato come quello di prima:

> Guardate, il tabernacolo di Dio è con gli uomini.
> Egli dimorerà con loro,
> essi saranno il suo popolo,
> e Dio stesso sarà con loro
> e sarà il loro Dio.
> Dio cancellerà tutte le lacrime dai loro occhi,
> e non ci sarà più morte, né dispiacere,
> neanche pianti.
> Non ci sarà nessun altro pensiero,
> perché le cose del passato se ne sono andate. Amen.
> Benedizione, gloria e saggezza,
> ringraziamento, onore, potenza,

sia al nostro Dio
per sempre. Amen.

A quel punto la congregazione cominciò a disperdersi. Pollio proseguì nel suo cammino, conducendo Marcello. Alla vista della sua figura marziale e della sua luccicante armatura, indietreggiarono tutti e sarebbero scappati nelle diverse direzioni se Marcello non avesse gridato a gran voce: "Non abbiate timore, Cristiani, sono solo e in vostro potere!" Sentendo questo, tutti si voltarono e lo guardarono con trepidante curiosità. L'uomo anziano che aveva condotto l'incontro avanzò e lo guardò interessato.

"Chi sei e perché ci cerchi nell'ultimo posto che ci è stato lasciato per vivere sulla terra?"

"Non sospettate il male in me. Sono venuto solo e sono alla vostra mercè."

"Ma cosa può un soldato, per di più Pretoriano, volere da noi? Sei perseguitato? Sei un criminale? La tua vita è forse in pericolo?"

"No. Sono un ufficiale di alto rango e autorità, ma per tutta la mia vita ho cercato con ansia la verità. Ho sentito parlare molto di voi Cristiani, ma in questo tempo di persecuzione, è molto difficile trovarvi a Roma. Vi ho trovati qui!"

A questo punto l'uomo anziano chiese all'assemblea di sciogliersi, così da poter conversare con il nuovo arrivato. Gli altri fecero prontamente ciò che gli era stato chiesto e si ritirarono in diverse vie, sentendosi pienamente sollevati.

Una pallida signora avanzò con entusiasmo verso Pollio e lo abbracciò.

"Quanto sei stato via, figliolo!"

"Ho incontrato questo ufficiale, cara madre, e sono stato trattenuto."

"Grazie a Dio sei salvo. Ma chi è costui?"

"Penso che sia un uomo onesto", disse il ragazzo, "guarda che fiducia ha di noi."

"Cecilia," disse l'anziano, "non andartene, rimani un po'."

La donna si trattenne e pochi altri fecero lo stesso.

"Io sono Onorio," disse il vecchio, indirizzandosi a Marcello, "un umile anziano della chiesa di Cristo. Penso che tu sia sincero e desideroso di sapere. Dicci ora cosa vuoi da noi."

"Il mio nome è Marcello e sono un capitano della Guardia Pretoriana."

"Ahimé," gridò Onorio e a mani giunte cadde indietro sulla sua sedia. Gli altri guardarono Marcello con occhi esterrefatti e donna Cecilia pianse con un dolore tremendo: "O Pollio! Come hai potuto tradirci?"

CAPITOLO 5
IL SEGRETO DEI CRISTIANI

«Il mistero di santità, Dio manifestato in carne.»

Il giovane soldato stava in piedi attonito per l'effetto che il suo nome aveva prodotto.

"Perché tremate tutti così?" disse. "E' per colpa mia?"

"Ahimé," disse di nuovo Onorio, "anche se siamo rinchiusi in questo posto, siamo in costante comunicazione con la città. Abbiamo sentito di questi nuovi sforzi fatti per perseguitarci più severamente e che Marcello, un capitano dei Pretoriani, è stato incaricato di ricercarci. Ora ti vediamo qui fra di noi, il nostro principale nemico. Non dovremmo avere paura? Per quale motivo ci stai inseguendo?"

"Non avete proprio nessun motivo per temermi," mormorò Marcello, "anche se fossi il vostro peggiore nemico. Non sono forse in vostro potere? Se decideste di trattenermi, potrei scappare? Se mi voleste uccidere, potrei resistere? Sono senza alcun aiuto. La mia presenza qui, solo tra voi, è la prova che non sono pericoloso."

"E' vero", disse Onorio, riprendendo il suo calmo contegno. "Hai ragione, non potresti mai ritornare senza la nostra assistenza."

"Ascoltatemi, allora, e vi spiegherò. Sono un soldato romano. Sono nato in Spagna e sono cresciuto nell'umiltà e nella moralità. Mi è stato insegnato ad avere timore degli dei e a fare il mio dovere. Sono stato in molti paesi e mi sono dedicato principalmente alla mia professione, anche se non ho mai trascurato la religione. Ho studiato tutti gli scritti dei filosofi greci e romani e il risultato è che ho imparato da loro a disprezzare i nostri dei e dee, che non sono meglio, o forse sono peggio di me.

Da Platone a Cicerone, ho imparato che c'è un Essere Supremo e che è mio dovere ubbidirgli. Ho imparato anche, che sono immortale, e che diventerò uno spirito quando morirò. Come sarò allora? Sarò felice o miserabile? Come posso avere una felicità sicura in quella vita spirituale? Essi descrivono la gloria di quella vita immortale con linguaggio eloquente, ma non danno nessuna direzione per uomini comuni come me. Il desiderio della mia anima è di saperne di più.

I sacerdoti non sono in grado di dirmi niente. Essi sono attaccati alle vecchie forme e cerimonie in cui non credono. L'antica religione è morta e agli uomini non interessa più niente. In molti paesi ho sentito parlare tanto dei Cristiani. Rinchiuso nel campo, non ho avuto parecchie opportunità di vederli. Comunque, non mi è mai interessato veramente conoscerli fino a questi ultimi giorni. Ho sentito di tutti gli usuali resoconti riguardo la loro immoralità, i loro vizi segreti, le loro dottrine ingannevoli. Ho creduto a tutto questo fino all'altro giorno. Pochi giorni fa ero al Colosseo. Lì, per la prima volta, ho imparato qualcosa sui Cristiani. Ho visto il gladiatore Macer, un uomo in cui la paura era sconosciuta, deporre tranquillamente la sua vita, piuttosto che fare quello che credeva fosse sbagliato. Ho visto un vecchio andare incontro alla morte con un sorriso pieno di pace, e soprattutto, ho visto un gruppo di ragazzine, dare se stesse alle bestie feroci con un canto di trionfo sulle proprie labbra:

'A Colui che ci ha amati,
a colui che ci ha lavati dai nostri peccati.'"

Mentre Marcello parlava si produsse un effetto fantastico. Gli occhi degli ascoltatori si riempirono di entusiasmo e di gioia. Quando menzionò Macer, si guardarono l'un l'altro con un'occhiata significativa, quando parlò del vecchio, Onorio chinò la testa e quando parlò dei bambini e mormorò le parole del loro canto, girarono le loro facce e piansero.

"Per la prima volta nella mia vita ho visto la morte vinta. Io stesso posso affrontare la morte senza terrore e così può fare ogni soldato quando va sul campo di battaglia, è la nostra professione, ma quelle persone gioivano nella morte. Lì, non c'erano soldati, ma bambini, che avevano lo stesso, meraviglioso sentimento nel proprio cuore. Da quel momento non ho pensato ad altro. Chi è colui che vi ama? Chi è colui che ha lavato i vostri peccati? Chi è colui che causa questo coraggio sublime e che fa sorgere la speranza in voi? Che cos'è che vi sostiene qui? Chi stavate pregando poco fa? Io ho l'ordine di condurre i soldati contro di voi e distruggervi. Ma prima di tutto, voglio conoscervi e vi giuro, per l'Essere Supremo, che la mia visita non vi porterà alcuna preoccupazione. Ditemi, dunque, il segreto dei Cristiani."

"Le tue parole," disse Onorio, "sono vere e sincere. Ora io so che tu non sei una spia o un nemico, ma un'anima assetata mandata qui dallo Spirito Santo per imparare ciò che hai a lungo cercato. Gioisci, perché colui che viene a Cristo non sarà cacciato."

"Vedo davanti a te uomini e donne che hanno lasciato i propri amici, case, onori, agi, per vivere qui nel bisogno, timore, dispiacere, ed essi pensano che questo sia niente per Cristo; sì, essi non danno valore alla propria vita, rinuncerebbero a tutto per colui che li ha amati."

"Hai ragione, Marcello, nel pensare che ci sia qualche grande potenza che può fare tutto questo. Non è fanatismo, nemmeno delusione, o entusiasmo: è la conoscenza della verità e dell'amore del Dio vivente."

"Ciò che hai cercato in tutta la tua vita, è il nostro più caro possedimento. Come un tesoro nei nostri cuori, per noi vale più di tutto ciò che il mondo può dare. Ci dà felicità in vita anche in questo luogo di tenebre, e nella morte ci rende vittoriosi. Tu desideri conoscere l'Essere Supremo; la nostra fede (il Cristianesimo) è la Sua rivelazione e attraverso di essa egli si fa conoscere. Infinito in grandezza e potenza, egli è anche infinito in amore e misericordia. Questa fede ci porta così vicini a lui che egli è il nostro migliore amico, la nostra guida, il nostro conforto, la nostra speranza, il nostro tutto, il nostro Creatore, il nostro Redentore, il nostro Salvatore. Tu desideri conoscere la vita immortale. Le Scritture ne parlano. Esse ci mostrano che credendo in Gesù Cristo, il figlio di Dio, e amando e servendo Dio sulla terra, noi dimoreremo con lui nell'infinita, eterna beatitudine in cielo. Esse ci parlano di come vivere in modo tale da piacere a lui qui, e ci fanno comprendere come lo loderemo dopo. Attraverso le Scritture impariamo che la morte, anche se nostra nemica, non è più una maledizione per il credente, ma piuttosto una benedizione, dal momento che "partire per essere con Cristo è molto meglio" che rimanere qui, perché noi entriamo alla presenza di colui che ci ha amati e ha dato se stesso per noi."

"Oh, allora," sussurrò con voce rotta Marcello, "se è così, fatemi conoscere questa verità perché l'ho cercata per anni, per questo ho pregato quell'Essere Supremo di cui ho udito. Voi siete i possessori di ciò che desidero conoscere.

Il fine e scopo della mia vita è qui. Abbiamo l'intera notte a disposizione. Non dissuadetemi, ma piuttosto, poco alla volta, ditemi tutto. Ha il vero Dio, quindi, reso noto tutto ciò che io ho ignorato?"

Lacrime di gioia spuntarono negli occhi dei Cristiani.

Onorio mormorò alcune parole di ringraziamento e preghiera a bassa voce, dopodiché prese il manoscritto che aveva maneggiato con tanta cura.

"Questa," disse, "mio caro giovane, è la parola della vita che viene da Dio, che porta una tale pace e gioia agli uomini. In essa noi troviamo tutto quello che la nostra anima desidera. In questa parole divine impariamo ciò che non può essere trovato in nessun altro posto; e anche se la mente può meditare su di essa per tutta una vita, l'estensione della sua gloriosa verità, non può essere raggiunta."

Poi Onorio aprì il libro e iniziò a parlare a Marcello di Gesù. Gli parlò delle promesse nel giardino dell'Eden, di colui che avrebbe schiacciato la testa di Satana, della lunga successione di profeti che avevano annunciato la Sua venuta, del popolo scelto attraverso il quale Dio aveva tenuta viva la conoscenza della verità per così tante età e delle meravigliose opere di cui essi erano stati testimoni. Egli lesse l'annuncio della venuta del Figlio di Dio che sarebbe nato da una vergine. Lesse della sua nascita, della sua infanzia, della sua prima apparizione, dei suoi miracoli, dei suoi insegnamenti. Lesse tutto questo con pochi commenti personali dal sacro manoscritto. Parlò del trattamento che Gesù aveva ricevuto, lo scherno, il disprezzo, la persecuzione che caddero su di lui, il tradimento e la condanna.

Alla fine, lesse il racconto della Sua morte sul Calvario.

L'effetto che tutto questo ebbe su Marcello, fu meraviglioso. Una luce sembrava brillare nella sua mente. La santità di Dio che guardava con avversione il peccato umano; la sua giustizia, che richiedeva una punizione; la sua pazienza, che era senza limite; la sua misericordia, che aveva progettato un modo per salvare le sue creature dalla rovina che esse stesse si erano tirate addosso; il suo incredibile amore, per il quale ci aveva donato il suo unico e amato Figlio; l'amore che l'aveva portato quaggiù a sacrificare sé stesso per la loro salvezza; tutto era ora chiaro!

Quando Onorio giunse alla fine della tremenda storia del Calvario e arrivò al grido: "Mio Dio, mio Dio, perché mi hai abbandonato," seguito da quello trionfante "Tutto è compiuto", fu attirato da un pianto a singhiozzi che proveniva da Marcello. Guardando attraverso le lacrime che avevano invaso i suoi occhi, Onorio vide la forma di un uomo forte inginocchiato, con la sua intera struttura che tremava per l'emozione.

"Basta, basta per ora", mormorò, "lasciatemi pensare a lui."

> "Colui che ci ha amati,
> Colui che ha lavato i nostri peccati
> nel Suo proprio Sangue."

Marcello affondò la faccia nelle mani. Onorio alzò gli occhi al cielo e pregò. I due erano soli, perché i loro compagni se ne erano andati in silenzio. La luce di una lampada situata in una nicchia dietro Onorio, illuminava timidamente la scena. I due rimasero in silenzio per molto tempo.

Ad un certo punto, Marcello alzò la testa.

"Sento", disse, "che anch'io ho avuto una parte nel causare la morte del Santo. Vai avanti a leggere ancora dalla Parola della Vita, perché la mia vita dipende da essa."

Allora Onorio continuò a leggere il racconto della crocifissione e del seppellimento di Gesù; la resurrezione la mattina del terzo giorno e l'ascensione alla destra di Dio. Lesse della discesa dello Spirito Santo il giorno della Pentecoste che battezzò i credenti della Sua costante presenza, rendendo il corpo di essi il suo tempio e del loro meraviglioso ministero che dava gloria a Cristo e lo rivelava ai peccatori pentiti.

Onorio non finì con questo, ma volendo portare pace all'anima di Marcello, lesse le parole di Gesù che invita il peccatore ad andare a lui, assicurandogli vita eterna nel momento stesso in cui egli lo accetta come Signore e Salvatore. Egli lesse della "nuova nascita", della nuova vita e la promessa di Gesù di tornare e prendere il popolo lavato col suo sangue per incontrarlo nell'aria.

"E' la Parola di Dio", pianse Marcello. "E' una voce dal Cielo. Il mio cuore risponde ad ogni cosa che ho udito e so che è una verità eterna! Ma come posso entrare in possesso di questa salvezza? I miei occhi sembrano ora vedere chiaro in mezzo a tutto questo. Finalmente so chi sono; prima pensavo di essere un uomo giusto, ma vicino al Santo, di cui ora ho imparato, io affondo nella polvere. Vedo che di fronte a lui sono un criminale, colpevole e perduto. Come posso essere salvato?"

"Cristo Gesù venne nel mondo per salvare i perduti."

"E, come posso riceverlo?"

"E' per grazia che siete stati salvati, mediante la fede; e ciò non viene da voi; è il dono di Dio. Non è in virtù d'opere affinché nessuno se ne vanti ... il salario del peccato è la morte, ma il dono di Dio è la vita eterna in Cristo Gesù, nostro Signore."

"Ma non c'è niente che io debba fare?"

"Gesù, dopo aver offerto un unico sacrificio per i peccati e per sempre, si è seduto alla destra di Dio. Egli è in grado di salvare per sempre tutti coloro che credono che 'Cristo Gesù è morto e, ancor più, è risuscitato, è alla destra di Dio e anche intercede per noi'."

"Oh, allora, se io posso osare un approccio, insegnami le parole, conducimi a lui."

Nell'imprecisione di contorni di quella volta scura, nella solitudine e nel solenne silenzio, Onorio si inginocchiò e Marcello fece lo stesso vicino a lui. Il venerabile Cristiano alzò la sua voce in preghiera. Marcello sentiva che la sua anima era stata innalzata verso il cielo, alla meravigliosa presenza del Salvatore, attraverso la potenza di quella fervente e fiduciosa preghiera. Le parole trovarono eco nella sua propria anima e nel suo Spirito; in questa profonda umiliazione, egli presentò i suoi bisogni al suo compagno, così che potesse pregare in maniera più consona di quello che avrebbe potuto fare lui, ma, alla fine, i suoi desideri si rafforzarono. La fede uscì timidamente, tremante, ma reale e la sua anima fu rinforzata. Quando Onorio ebbe finito, la sua lingua era sciolta e, finalmente, anche il pianto del suo cuore; "Signore, io credo! Oh, aiuta la mia incredulità!" "L'unico mediatore fra Dio e l'uomo, Cristo Gesù", era diventato reale per la sua fede e le parole di Gesù: "In verità, in verità vi dico: chi ascolta la mia Parola e crede a colui che mi ha mandato, ha vita eterna e non viene in giudizio, ma è passato dalla morte alla vita ... e Io do loro la vita eterna e non periranno mai e nessuno le rapirà dalla mia mano", furono ricevute, credute, e portarono gioia.

Le ore passavano, ma chi può convenientemente descrivere il progresso di un'anima che passa dalla morte alla vita?

Quando il mattino sorse sulla terra sovrastante, un glorioso giorno era sorto sull'anima e sullo spirito di Marcello sotto quella volta: il peso del peccato era stato rimosso e la pace di Dio, attraverso Gesù Cristo, l'aveva riempito. Il segreto dei Cristiani era diventato suo e lui era volontariamente diventato schiavo di Gesù Cristo. Unito ai suoi fratelli in Cristo poteva ora cantare con loro:

"A Colui che ci ha amati
a Colui che ha lavato i nostri peccati
col Suo proprio Sangue,
a Lui sia la gloria e il dominio
per sempre in eterno".

CAPITOLO 6
IL NUVOLO DI TESTIMONI

«Tutti questi morivano nella fede.»

Il neo-convertito imparò presto di più riguardo ai Cristiani. Dopo un breve riposo si alzò e fu raggiunto da Onorio, che si offrì di mostrargli la natura del luogo dove vivevano.

Coloro che aveva visto al culto alla cappella formavano una piccola parte degli abitanti delle Catacombe. Il loro numero superava le diverse migliaia ed erano sparsi dappertutto in piccole comunità, ognuna delle quali aveva il suo modo di comunicare con la città. Si allontanò un po' accompagnato da Onorio. Era esterrefatto del numero di persone che aveva incontrato e, anche se sapeva che i Cristiani erano numerosi, non pensava che una così cospicua moltitudine sarebbe stata forzata a scegliere una vita nelle Catacombe. Non era neanche meno interessato ai morti che ai vivi. Mentre camminava leggeva le iscrizioni sulle loro tombe e trovò in loro tutta la stessa, forte fede e dignitosa speranza. L'amore che provava nel leggere e il profondo interesse che Onorio metteva in questi pii memoriali, rendevano l'anziano una guida congeniale.

"Qui", disse Onorio, "giace una testimonianza in favore della verità."

Marcello guardò il punto indicato e lesse quanto segue:

> PRIMIZIO. IN PACE,
> DOPO MOLTI TORMENTI,
> UN VALOROSO MARTIRE,
> VISSE CIRCA TRENTOTTO ANNI.
> SUA MOGLIE, FECE FARE TUTTO QUESTO
> PER IL SUO CARISSIMO MARITO,
> CHE BEN MERITAVA.

"Questi uomini", disse Onorio, "ci mostrano come i Cristiani dovrebbero morire. Yonder è un altro che ha sofferto come Primizio."

> PAOLO FU M'ESSO A MORTE
> DOPO TORTURA,
> ED ORA POTRA' VIVERE
> IN ETERNA BEATITUDINE.

"E qui", disse ancora Onorio, "c'è la tomba di una nobildonna che mostrò quella forza che Cristo può sempre concedere anche al più debole dei suoi seguaci nell'ora del bisogno":

CLEMENZIA, TORTURATA, MORTA.
DORME E RISUSCITERA'

"Se chiamati lassù", disse Onorio, "nel passare attraverso la morte, lo spirito è istantaneamente 'assente dal corpo e presente col Signore'. Il promesso ritorno del nostro Signore, che può avvenire in qualsiasi momento, è la 'beata speranza' dei Cristiani consapevoli. 'Perché il Signore stesso, con un ordine, con voce d'arcangelo e con la tromba di Dio, scenderà dal cielo, e prima risusciteranno i morti in Cristo; poi noi viventi, che saremo rimasti, verremo rapiti insieme con loro, sulle nuvole, a incontrare il Signore nell'aria; e così saremo sempre col Signore.'"

"Qui", continuò Onorio, "giace Costante, doppiamente costante per il suo Dio a causa di una doppia prova. Prima gli fu dato del veleno, ma dal momento che non fu sufficientemente efficace, fu passato a fil di spada."

IL TIRO MORTALE NON OSO' DONARE A
COSTANTE LA CORONA CHE
LA SPADA GLI PERMISE DI OFFRIRE

Così camminarono leggendo le iscrizioni che apparivano da ogni parte. Nuovi sentimenti sorsero in Marcello mentre leggeva il glorioso elenco di nomi. Quello era per lui la storia della Chiesa di Cristo; lì c'erano gli atti dei martiri descritti davanti a lui con parole che bruciavano. Le rozze immagini che adornavano molte tombe, portavano con loro un patos che il lavoro più fine di un abile artista non poteva produrre. Le lettere incise grossolanamente, gli errori grammaticali che caratterizzavano molte di esse, davano una prova toccante del tesoro del Vangelo trasmesso ai poveri e ai miseri.

"Non ci sono fra voi molti sapienti secondo la carne, né molti potenti," ma il Vangelo è predicato ai poveri.

Su molte lapidi c'era un monogramma che era formato dalle iniziali del nome di Cristo (ΧΡΙΣΤΟΣ). "X" e "P" venivano unite così da formare una cifra. Alcune avevano un ramo di palma, l'emblema della vittoria e dell'immortalità, il simbolo di quella palma di gloria che ondeggiava nelle mani della grande folla che stava in piedi intorno al trono. Altre lapidi avevano incisioni diverse.

"Che cosa è questa?", chiese Marcello, indicando l'immagine di una nave.

"Mostra lo spirito redento che è salpato dalla terra per il porto sicuro."

"E qual'è il significato di questo pesce che vedo rappresentato così spesso?"

"Il pesce è usato perché le lettere che formano il suo nome in Greco, sono le iniziali delle parole che esprimono la gloria e la speranza dei Cristiani. Queste lettere stanno per Gesù (Ι), per Cristo (Χ), per Figlio di Dio (Θ ed Υ), e per Salvatore (Σ), così il pesce simboleggia, con il suo nome (ΙΧΘΥΣ), "Gesù Cristo, il Figlio di Dio, il Salvatore.""

"Cosa significa l'immagine che vedo così spesso: una nave ed un enorme mostro marino?"

"Quello è Giona, un profeta di Dio, di cui tu ancora ignori l'esistenza."

Onorio, allora, gli raccontò la storia di Giona, e gli mostrò come l'uscita dalle viscere del pesce ricordava ai Cristiani la liberazione dalle tenebre della tomba.

"Questa gloriosa speranza di resurrezione è un indescrivibile conforto", disse egli, "e noi amiamo ricordarla attraverso diversi simboli. Qui, c'è un simbolo della stessa benedetta verità: la colomba che portò a Noè un ramo d'ulivo." Egli raccontò al suo compagno l'avvenimento del diluvio, così che Marcello potesse capire il significato della rappresentazione.

"Ma fra tutti i simboli usati", disse Onorio, "nessuno è chiaro come questo," e indicò un'immagine della resurrezione di Lazzaro.

"Qui, ancora", disse, "c'è un'ancora, il segno della speranza che il Cristiano afferra mentre passa attraverso i flutti burrascosi della vita, tenendosi attaccato alla sua casa celeste."

"Qui vedi il gallo, il simbolo del vegliare; perché il nostro Signore ha detto "Vegliate e pregate". C'è pure l'agnello, simbolo tipico dell'innocenza e della gentilezza, che ci ricorda l'Agnello di Dio, che ha portato i nostri peccati, e attraverso il cui sacrificio noi riceviamo vita eterna e perdono. Qui c'è ancora la colomba, che, come l'agnello, rappresenta l'innocenza; e qui ancora la vedi mentre porta il ramo d'ulivo della pace."

"Ci sono le lettere Alfa e Omega, la prima e l'ultima dell'alfabeto greco, che rappresentano il nostro Signore; perché tu sai ora che egli disse: 'Io sono l'Alfa e l'Omega'. C'è la corona, che ci ricorda l'incorruttibile corona che il Signore, il giusto giudice, ci darà. Così, noi amiamo circondarci con tutto quello che può ricordarci la gioia che sta davanti a noi. Ammaestrati da tutto ciò, guardiamo in alto dalle tenebre che ci circondano e, per fede, vediamo la luce dell'eterna gloria."

"Qui", disse Marcello, facendo una pausa, "c'è qualcosa che sembra adatto alla mia condizione; suona profetico. Forse anch'io posso essere chiamato a dare la mia testimonianza per Cristo. Possa io essere trovato fedele!"

> IN CRISTO,
> AL TEMPO DELL'IMPERATORE ADRIANO,
> MARIO, UN GIOVANE UFFICIALE MILITARE,
> CHE VISSE ABBASTANZA PER DARE
> IL SUO SANGUE PER CRISTO,
> E MORIRE IN PACE.
> I SUOI AMICI POSERO QUESTA LAPIDE
> CON LACRIME E TIMORE

"'In questo mondo avrete tribolazione, ma fatevi animo, Io ho vinto il mondo.' Questo ci assicura Cristo, ma mentre ci mette in guardia contro il male, ci consola con la Sua promessa di sostegno. In Lui possiamo trovare sufficiente grazia per noi".

"Possa questo giovane ufficiale essere un esempio per me", disse Marcello, "che io possa, come lui, essere pronto ad offrire il mio sangue per Cristo. Che possa essere pronto a morire con altrettanta fedeltà! Poter giacere qui fra i miei fratelli e sorelle in fede con una tale lapide sarebbe un onore molto più alto che un mausoleo come quello di Cecilia Metella".

Continuarono a camminare come avevano fatto prima.

"Quanto è dolce", disse Marcello, "la morte del Cristiano! Per il Cristiano l'orrore e la disperazione della morte svaniscono. È un sonno benedetto e, invece di provocare il terrore, è associata a pensieri di riposo o di vittoria".

LUOGO DI RIPOSO DI ELPIS
ZOTICUS E' DISTESO A DORMIRE QUI
ASELUS DORME IN CRISTO
MARTIRIA IN PACE
VIDALIA NELLA PACE DI CRISTO
NICEFORO, DOLCE ANIMA,
NEL LUOGO DI RIFOCILLAMENTO

"Alcune di queste iscrizioni raccontano del carattere di fratelli o sorelle dipartiti", disse Onorio. "Consideriamo questi seguenti".

MAXIMUS, VISSUTO VENTITRE ANNI,
AMICO DI TUTTI GLI UOMINI.

IN CRISTO, NELLE QUINTE CALENDE DI NOVEMBRE,
SI ADDORMENTO' GORGONIO,
AMICO DI TUTTI E NEMICO DI NESSUNO.

"Ed anche qui", continuò, "vi sono altri che parlano della loro vita privata e delle loro esperienze domestiche."

CECILIO, IL MARITO, A CECILIA PLACIDINA, MIA MOGLIE, DI ECCELLENTE MEMORIA, CON LA QUALE HO VISSUTO DIECI ANNI SENZA ALCUN COMBATTIMENTO, IN GESU' CRISTO, FIGLIO DI DIO, IL SALVATORE.

SACRA A CRISTO, DIO SUPREMO, VITALIS, SEPOLTA SABATO, CALENDE DI AGOSTO, ALL'ETA' DI VENTICINQUE ANNI E OTTO MESI, VISSUTA CON SUO MARITO PER DIECI ANNI E TRENTA GIORNI, IN CRISTO, PRIMO E ULTIMO.

A DOMNINA, MIA DOLCISSIMA E INNOCENTISSIMA MOGLIE, VISSUTA SEDICI ANNI E QUATTRO MESI, E

> SPOSATA DUE ANNI, QUATTRO MESI E NOVE GIORNI; CON LA QUALE NON HO POTUTO VIVERE, A CAUSA DEL MIO VIAGGIARE, PER PIU' DI SEI MESI, DURANTE I QUALI HO CONDIVISO IL MIO AMORE COME L'HO SENTITO. NESSUNO SI E' MAI AMATO TANTO. SEPOLTA IL QUINDICESIMO PRIMA DELLE CALENDE DI GIUGNO.
>
> A CLAUDIO, MERITEVOLE ED AFFEZIONATO, CHE MI HA AMATO. HA VISSUTO CIRCA VENTICINQUE ANNI IN CRISTO.

"Ecco il tributo di un padre amorevole", disse Marcello, nel leggere poi il seguente:

> LAURENTIUS AL SUO CARISSIMO FIGLIO SEVERO, PORTATO VIA DAGLI ANGELI, IL QUINTO GIORNO DI GENNAIO.

"E poi ecco uno scritto da parte di una moglie".

> DOMIZIO IN PACE, LEA ERESSE QUESTO.

"Si", disse Onorio "la religione di Gesù Cristo cambia la natura dell'uomo, e mentre risveglia in lui l'amore per Dio, lo rende capace di maggiore affetto verso i suoi amici e parenti".

In occasione del loro passaggio all'altro mondo, si sono trovate molte iscrizioni presso il luogo di sepoltura che esibivano un tenero amore da parte dei parenti dei dipartiti.

> COSTANZA, DI GRANDE BELLEZZA ED AMABILITA', VISSUTA DICIOTTO ANNI, SEI MESI E SEDICI GIORNI. COSTANZA IN PACE.
>
> SEMPLICIO, DI CUI C'E' BUONA E FELICE MEMORIA, VISSUTO VENTITRE' ANNI E QUARANTATRE' GIORNI IN PACE. SUO FRATELLO GLI DEDICA QUESTO MONUMENTO.
>
> AD ADSERTOR, NOSTRO FIGLIO, CARO, DOLCE ED INNOCENTE, ED INCOMPARABILE, VISSUTO DICIASSETTE ANNI, SEI MESI ED OTTO GIORNI. SUO PADRE E SUA MADRE GLI DEDICANO QUESTO.
>
> A JANUARIUS, DOLCE BUON FIGLIO, ONORATO E BENEAMATO DA TUTTI: VISSUTO VENTITRE' ANNI, CINQUE MESI E VENTIDUE GIORNI.

I SUOI GENITORI A LAURINIA, PIU' DOLCE DEL MIELE. DORME IN PACE.

ALL'ANIMA SANTA, INNOCENZO, CHE HA VISSUTO CIRCA TRE ANNI.

DOMIZIANO, ANIMA INNOCENTE, DORME IN PACE.

"Addio, Sabina, vissuta VIII anni, VIII mesi e XXII giorni, che tu possa vivere dolcemente in Dio".

IN CRISTO: MORTO DURANTE LE CALENDE DI SETTEMBRE, POMPEIANO, INNOCENTE, VISSUTO SEI ANNI, NOVE MESI, OTTO GIORNI E QUATTRO ORE. DORME IN PACE.

AL LORO MERITEVOLE FIGLIO, CALPURNIO, I SUOI GENITORI OFFRONO QUESTO. HA VISSUTO CINQUE ANNI, OTTO MESI E DIECI GIORNI, ED E' DIPARTITO IN PACE IL TREDICESIMO GIORNO DI GIUGNO.

"Sulla lapide di questo bambino", disse Marcello, "puoi vedere i simboli di pace e di gloria". Indicò la tomba di un bambino e c'erano intarsiate anche una colomba ed una corona di lauro, insieme alla seguente iscrizione:

RESPECTUS, VISSUTO CINQUE ANNI E OTTO MESI, DORME IN PACE.

"E questa", continuò Marcello, "ha un ramo di palma, il simbolo della vittoria".
"Sì", disse Onorio, "il Salvatore ha detto: 'Lasciate che i piccoli fanciulli vengano a Me'"
La loro attenzione fu anche attratta da scritti sulla tomba di donne che erano state mogli di ministri cristiani.

MIA MOGLIE LAURENZIA MI HA FATTO QUESTA TOMBA. E' SEMPRE STATA APPROPRIATA PER IL MIO COMPITO, ONOREVOLE E FEDELE. HA VALOROSAMENTE SCONFITTO LE MENZOGNE INVIDIOSE. IL VESCOVO LEO E' SOPRAVVISSUTO AL SUO DICIOTTESIMO ANNO.

LUOGO CHE BASILIO IL PRESBITERO E SUA MOGLIE HANNO RESO PROPRIA DIMORA.

UNA VOLTA FELICE FIGLIA DEL PRESBITERO GABINUS, QUI GIACE SUSANNA, UNITA A SUO PADRE IN PACE.

CLAUDIO ATTICIANO, UN LETTORE, E CLAUDIA FE-
LICISSIMA, SUA MOGLIE.

"Io vedo qui", disse Marcello, "una tomba più grande. Ve ne sono sepolti due?"
"Si, questa è una doppia: due occupano lo stesso sepolcro. Leggi l'iscrizione."

LA LOCAZIONE DI SABINO. L'HA PREPARATA PER SE'
STESSO DURANTE LA SUA VITA NEL CIMITERO DI
BALBINIA NELLA NUOVA CRIPTA.

"A volte", continuò Onorio, "nella stessa tomba sono sepolte tre persone. In altri posti, Marcello, vedrai che sono sepolti grandi numeri di persone; poiché quando avviene qualche persecuzione non è sempre possibile dare a ciascun individuo l'attenzione individuale desiderata. Là c'è una tabella che indica il posto di sepoltura di molti martiri i cui nomi sono sconosciuti, ma la cui memoria è ugualmente benedetta," ed indicò una lapide che riportava la seguente iscrizione:

MARCELLA E CINQUECENTOCINQUANTA MARTIRI DI
CRISTO.

"Eccone una più grande", disse Marcello, "e le sue parole possono benissimo trovare un'eco nel cuore di tutti noi". Con profonda emozione si può leggere:

IN CRISTO. ALESSANDRO NON E' MORTO, MA VIVE AL
DI SOPRA DELLE STELLE, E IL SUO CORPO RIPOSA IN
QUESTA TOMBA. HA TERMINATO LA SUA VITA SOTTO
L'IMPERATORE ANTONINO, CHE, SEBBENE ABBIA
POTUTO PREVEDERE IL GRANDE BENEFICIO CHE
POTEVA RISULTARE DAI SUOI SERVIGI, GLI HA DI-
RETTO CONTRO ODIO INVECE DI FAVORI, POICHE'
MENTRE ERA IN GINOCCHIO, PRONTO AD OFFRIRE
SACRIFICI AL VERO DIO, FU PORTATO VIA PER SUBI-
RE L'ESECUZIONE. CHE TRISTE EVENTO! NEANCHE
DURANTE DEI RITI SACRI E LA PREGHIERA, E NEP-
PURE IN CAVERNE, POSSIAMO STARE AL SICURO. C'E'
COSA PIU' TERRIBILE DI DOVER VIVERE UNA VITA
COSI? E DOVER SUBIRE UNA MORTE COSI? NON PO-
TER NEPPURE ESSERE SEPOLTI DAI PROPRI AMICI E
PARENTI! MA ALLA FINE ESSI BRILLERANNO IN CIE-
LO. E' VISSUTO POCO E MALE CHI E' VISSUTO IN
TEMPI CRISTIANI.

"Questo", disse Onorio, "è il luogo di riposo di un beneamato fratello la cui memoria è ancora viva in tutte le chiese. Attorno a questa tomba dovremmo tenere l'Agape in occasione dell'anniversario del suo compleanno. In tale occasione vengono infrante le barriere di diverse classi e fazioni sociali, di differenti tipologie, tribù, lingue e popolazioni. Siamo tutti fratelli in Cristo Gesù, poiché ricordiamo che come Cristo ha amato noi, così dobbiamo anche noi amarci gli uni gli altri."

Durante il cammino Marcello ebbe grande opportunità di assaporare la realtà dell'amore fraterno a cui Onorio alludeva. Incontrò uomini, donne e bambini di ogni tipo ed età. Uomini che avevano occupato alti ruoli a Roma, magari associati in amicizia con persone a malapena al di sopra del livello di schiavi; persone precedentemente crudeli ed irrefrenabili persecutori, associate in piacevole unione con coloro che erano stati in precedenza gli oggetti del loro odio. Il sacerdote giudeo, liberato dalle maglie dal bigottismo e dal testardo orgoglio, ha camminato mano nella mano con i Gentili prima odiati. I Greci avevano visto la pazzia del Vangelo trasformata in sapienza infinita, e la contrarietà che avevano in precedenza sperimentato nei confronti dei seguaci di Gesù aveva lasciato il posto ad una dolce affezione. Egoismo ed ambizione, durezza ed invidia, tutte le passioni più basse della vita umana, sembrava fossero svanite dinanzi all'illimitato potere dell'amore cristiano. Questa religione di Cristo dimorava nel loro cuore in tutta la sua pienezza, e le sue influenze benedette si vedevano qui forse più di quanto non si potessero testimoniare altrove, non perché la sua natura o il suo potere fossero stati cambiati, ma perché la persecuzione universale che si era fatta sentire su tutti in egual modo, li aveva derubati dei loro beni materiali, li aveva separati dalle tentazioni terrene, e con la grande unità di sentimenti nella sofferenza comune li aveva spinti ad avvicinarsi gli uni agli altri.

"L'adorazione del vero Dio", disse Onorio, "in un certo senso si differenzia da tutte le false adorazioni. Il pagano deve entrare nel suo tempio e lì, tramite la mediazione del suo sacerdote, offrire le sue preghiere ed il suo sacrificio, ma per noi è Cristo che ha offerto il sacrificio, una volta per sempre. Ognuno dei Suoi seguaci può adesso avvicinarsi a Dio da solo, poiché ciascuno è reso, tramite Cristo, un re ed un sacerdote dinanzi a Dio. Per noi, dunque, si tratta di qualcosa che non è solo temporaneo, riguardo l'adorazione, ed è indifferente che le nicchie siano ben visibili ed eleganti oppure sparite dalla faccia della terra. Il cielo è il trono di Dio e l'universo il Suo tempio, e ciascuno dei Suoi figli può innalzare la propria voce a partire da qualunque posto ed in qualsiasi momento per adorare il Padre."

Il viaggio di Marcello proseguì per un lungo periodo ed una lunga distanza. Preparato com'era ad affrontare vaste estensioni, fu egualmente stupefatto da quegli spazi immensi; molti gli erano ancora sconosciuti! Ed anche se aveva viaggiato così tanto, gli fu detto che tutto ciò non era che una piccola parte dell'intera estensione. L'altezza media del percorso era di circa 2 metri, ma in molti punti saliva fino ai 4 o 5 metri. Poi le frequenti nicchie e stanze, formate da allargamenti delle arcate, offrivano più spazio agli abitanti, dando loro la possibilità di viverci e muoversi con una certa libertà. In alcuni punti, inoltre, c'erano delle feritoie nel tetto, tramite le quali passavano dei deboli raggi di luce che attraversavano l'aria. Questi luoghi venivano scelti per trascorrerci determinati periodi di tempo, non per viverci stabilmente. La presenza della benedetta luce del giorno, per quanto debole, dava piacere al di là di ogni descrizione, e serviva in parte a mitigare la severità dell'ambiente.

Marcello vide alcuni luoghi che erano stati isolati formando un'improvvisa delimitazione ed un blocco per il passaggio, ma in questi stessi punti si ramificavano altri percorsi che passavano intorno alla zona bloccata e proseguivano oltre. Ad un certo punto chiese: "Cos'è questo luogo così delimitato ed isolato?"

"E' una tomba romana", disse Onorio. "Mentre scavavano questo sentiero, i lavoratori ne furono colpiti, si fermarono, evitarono il punto centrale, come fosse un muro e continuarono gli scavi girandovi attorno. Ciò non per paura di disturbare un'eventuale tomba, ma perché per la morte, non meno che come per la vita, il Cristiano desidera seguire il comando del suo Signore di 'uscire di mezzo a loro e separarsene'".

"La persecuzione s'infervora attorno a noi e ci chiude dentro", disse Marcello, "per quanto tempo ancora il popolo di Dio dovrà essere disperso e messo in fuga, per quanto tempo il nemico dovrà opprimerci?"

"Tale è il grido di molti in mezzo a noi", disse Onorio, "ma è sbagliato lamentarsi. Il Signore è stato buono col Suo popolo. Durante l'Impero essi sono andati avanti per molte generazioni protetti dalle leggi e senza essere molestati. Certo, abbiamo poi subito delle persecuzioni terribili, in seguito alle quali migliaia sono morti in grande agonia, ma questi, ripeto, sono andati via ed hanno lasciato la Chiesa con un gran senso di pace dentro di loro ed intorno.

Tutte le persecuzioni subite sono servite solo a purificare il cuore del popolo di Dio e ad esaltare la sua fede. Dio sa quello che è il meglio per noi; noi siamo nelle Sue mani ed Egli non ci darà più di quello che possiamo sopportare. Rimaniamo sobri, con gli occhi aperti e preghiamo, Marcello, poiché la presente tempesta ci indica chiaramente che il grande e tremendo giorno tanto atteso è alle porte."

In tal modo Marcello camminava con Onorio, conversando ed apprendendo cose nuove ogni ora a proposito delle dottrine della verità di Dio e delle esperienze del Suo popolo. Il gusto del loro amore, della loro purezza, della loro forza e fede penetrò profondamente nella sua anima.

L'esperienza che egli stesso aveva sperimentato non era transitoria. Ogni nuova visione rafforzava ulteriormente il suo desiderio di uniformarsi alla fede ed al cammino del popolo di Dio. Come conseguenza di tutto ciò, prima che giungesse il successivo giorno del Signore, fu battezzato nel nome del Padre, del Figlio e dello Spirito Santo.

La mattina del giorno del Signore era seduto attorno alla mensa del Signore in compagnia di altri Cristiani. Consumarono assieme la semplice ed amorevole cerimonia con cui i Cristiani commemoravano la morte di Gesù. Onorio fece la preghiera per la benedizione del pasto e, per la prima volta, Marcello prese parte alla distribuzione del pane e del vino, i simboli sacri del corpo e del sangue del suo Signore morto e risorto, e, dopo aver cantato un inno, andarono via.

CAPITOLO 7
LA CONFESSIONE DI FEDE

*«Del resto tutti quelli che vogliono vivere piamente
in Cristo Gesù, saranno perseguitati.»*

Quattro giorni erano trascorsi da quando il giovane soldato aveva lasciato la sua camera in caserma. Erano stati giorni pieni di eventi per lui, giorni infinitamente importanti. Un marchio di dolore era stato posto sugli argomenti trattati, ma la ricerca di quest'anima desiderosa della verità non era stata vana, essendo "nata di nuovo" dallo Spirito.

La decisione era stata presa. Da una parte c'erano la fama, l'onore e l'agiatezza, dall'altra la povertà, il bisogno e il dolore; eppure egli aveva fatto la sua scelta e si rivolse verso quest'ultima senza un attimo di esitazione. Egli scelse che era "meglio soffrire afflizione con il popolo di Dio, che godere dei piaceri del peccato per un tempo".

Al suo ritorno visitò il generale e fece rapporto. Lo informò che era stato fra i Cristiani, che non poteva eseguire il suo mandato ed era pronto a portarne le conseguenze. Il generale gli ordinò severamente di ritirarsi nei suoi alloggi.

Lì, immerso in una profonda meditazione, pensando a quale potesse essere la ragione di tutto questo, fu informato dell'entrata di Lucullo. Il suo amico lo salutò con molto affetto, ma era evidentemente pieno di ansia.

"Ho appena visto il generale", disse, "che mi ha mandato per darti un messaggio. Ma prima dimmi, cosa hai combinato?"

Marcello gli spiegò ogni cosa dal momento che era partito a quando era tornato, senza nascondere nemmeno un particolare.

Il profondo fervore mostrò quanto forte, vero ed eterno fosse il lavoro dello Spirito Santo in lui. Egli raccontò poi del colloquio con il suo generale.

"Sono entrato nella stanza sentendo l'importanza del passo che stavo per fare. Stavo per commettere un atto di tradimento virtuale, un crimine che può essere punito solo con la morte. Nonostante questo non potevo fare nient'altro."

"Mi ha ricevuto gentilmente, perché pensava avessi avuto un esito positivo nella mia ricerca. Gli ho detto che dal momento che me ne sono andato, sono stato fra i Cristiani e, da quello che ho visto, sono stato forzato a cambiare il mio atteggiamento nei loro riguardi. Pensavo che fossero un nemico dello Stato e quindi degni di morte, ma ho scoperto che sono uomini leali all'Imperatore e uomini virtuosi. Non avrei mai potuto usare la mia spada contro tali persone, e piuttosto che farlo, avrei rinunciato alla mia impresa."

"I sentimenti di un soldato" disse Lucullo, "non hanno il diritto di interferire con i suoi doveri."

"Ma il mio dovere verso il Dio che mi ha fatto, è più forte di quello che devo agli uomini."

"Ma la simpatia che hai per questi Cristiani ti ha fatto impazzire?" disse il generale, "Lo sai che questo è tradimento?"

"Mi inginocchiai e dissi che ero pronto a portarne le conseguenze."

"Sconsiderato giovane" gridò severamente, "vai al tuo quartier generale e ti comunicherò la mia decisione."

"E così sono venuto qui e vi sono restato fino ad ora, aspettando ansiosamente la mia sentenza."

Lucullo aveva ascoltato tutto il resoconto di Marcello senza dire una parola e senza fare nemmeno un gesto. Un'espressione di triste sorpresa sulla sua faccia diceva quali fossero i suoi sentimenti. Egli parlò quasi mormorando quando Marcello finì.

"E quale sia la sentenza, dovresti certamente saperlo bene. Con la disciplina romana, anche in tempi normali, non si può mai scherzare, ma ora i sentimenti del governo sono alterati in modo inusuale contro questi Cristiani. Se tu persisterai in questa maniera, tu cadrai."

"Ti ho spiegato tutte le mie ragioni."

"Conosco, Marcello, la tua natura pura e sincera. Tu hai sempre avuto una mente devota; hai sempre amato i nobili insegnamenti della filosofia. Non puoi continuare a soddisfarti con essi come hai sempre fatto? Per quale motivo dovresti essere attratto da questa miserabile dottrina di un giudeo crocifisso?"

"Le filosofie di cui tu parli non mi hanno mai soddisfatto. Tu stesso sai che non c'è niente di certo in esse e niente in cui l'anima possa riposarsi. Ma il Cristianesimo è la verità di Dio, portata qui da lui stesso, e santificata nella sua propria morte."

"Tu mi hai pienamente spiegato l'intero credo Cristiano. Il tuo entusiasmo lo fa apparire attraente, lo confesso; se tutti i suoi seguaci fossero veramente come te, mio caro Marcello, potrebbe essere adatto a benedire il mondo, ma non sono venuto qui a discutere di religione, sono venuto a parlare di te. Tu sei in pericolo, mio caro amico, la tua posizione, il tuo onore, il tuo compito, la tua intera vita sono in gioco. Considera ciò che hai fatto. Ti era stato affidato un compito importante. Ci si aspettava che tu tornassi portando importanti informazioni, ma invece di farlo, sei tornato e hai informato il generale che hai avuto la peggio sul nemico, che il tuo cuore si è unito a loro e che tu rifiuti di usare le armi contro di loro. Se un soldato fosse libero di scegliere contro chi combattere, cosa ne sarebbe della disciplina? Deve ubbidire agli ordini. Ho ragione?"

"Sì, Lucullo."

"La questione per te non è decidere se sceglierai la filosofia o il Cristianesimo, ma se sarai un Cristiano o un soldato. Da come stanno andando le cose ora, ti sei reso conto che è impossibile per te essere un soldato e un Cristiano allo stesso tempo. Devi rinunciare a uno dei due. Non solo, ma se tu decidi di essere un Cristiano, dovrai anche condividere il loro destino, perché non può esserti fatto nessun favore. D'altra parte, se tu continui ad essere un soldato, dovrai lottare contro i Cristiani."

"Questo è fuori questione."

"Marcello, tu hai intimi amici che sono disposti a dimenticare la tua grande offesa e io ho supplicato il generale per te. Anche lui ti rispetta per le tue qualità militari. E' disposto a perdonarti a certe condizioni."

"Quali sarebbero?"

"Le più misericordiose di tutte le condizioni. Dimentica gli ultimi quattro giorni, cancellali dalla tua memoria. Riappropriati del tuo compito. Prendi i tuoi soldati e vai avanti con le tue responsabilità arrestando quei Cristiani."

"Lucullo," disse Marcello alzandosi dalla sua sedia con le braccia incrociate. "Io ti voglio molto bene e ti sono grato per il tuo affetto fedele. Non lo dimenticherò mai. Ma quello che c'è ora dentro di me, anche se potrà sembrarti strano, è più forte di tutti gli onori di Stato. E' l'amore di Dio. Per questo sono pronto a rinunciare a tutto, onore, classe sociale e la vita stessa. La mia decisione è irrevocabile. Io sono un Cristiano."

Per un momento Lucullo si sedette attonito e appesantito guardando il suo amico. Egli era ben conscio dell'animo risoluto di Marcello e vide con tanta pena che il suo tentativo di persuasione era fallito miseramente.

Dopo un po' parlò ancora. Usò ogni argomento che fosse in suo potere, tirò fuori ogni motivo che potesse influenzarlo. Gli parlò del terribile destino che lo aspettava e delle peculiari vendette che sarebbero state dirette contro di lui, ma tutte le sue parole furono completamente inutili. Alla fine si alzò invaso da una profonda tristezza.

"Marcello," disse, "tu tenti il fato. Stai correndo come un pazzo verso un terribile destino. Hai davanti a te tutto ciò che la fortuna ti riserva, ma tu hai voltato le spalle a tutto per stare in mezzo a quei miserabili. Io ho svolto il compito di un amico cercando di convincerti a lasciare la tua follia, ma tutto quello che posso fare non è di alcuna utilità."

"Ti ho portato la sentenza del generale. Tu sei degradato e messo agli arresti come Cristiano. Domani sarai arrestato e messo sotto punizione. Tuttavia ci sono ancora diverse ore prima che tutto ciò avvenga e io posso avere la magra consolazione di aiutarti a scappare. Vattene via, sbrigati, perché non c'è tempo da perdere. C'è un solo posto al mondo dove puoi essere al sicuro dall'ira di Cesare."

Marcello ascoltò in silenzio. Lentamente rilasciò le sue braccia lasciandole cadere lungo i fianchi. Tristemente si slacciò la sua magnifica armatura che aveva indossato con così tanto orgoglio; si trovò in piedi di fronte al suo amico solo con la sua tunica.

"Lucullo, ti ripeto un'altra volta che non potrò mai dimenticare la tua fedele amicizia. Il mio desiderio sarebbe di vederti venire via con me, che le tue preghiere potessero salire con le mie a colui che servo. Ma va bene, andrò. Addio!"

"Addio, Marcello. Probabilmente non ci incontreremo mai più in questa vita. Se sarai nel bisogno o nel pericolo, sai a chi potrai rivolgerti."

I due giovani uomini si abbracciarono e Marcello se ne andò frettolosamente.

Camminò fuori dal campo e continuò fino a raggiungere il Foro. Tutt'intorno a lui c'erano maestosi templi di marmo, colonne e monumenti. C'era l'Arco di Tito che sovrastava la Via Sacra; c'era il Palazzo Imperiale che sorgeva così alto ed imponente, ricco di maestose architetture, gloriosi ornamenti di preziosi marmi e splendenti decorazioni dorate. Da una parte sorgevano gli elevati muri del Colosseo; al di là la stupenda Cupola Capitolina sorgeva nella sua storica cima, coronata da un gruppo di nobili templi che si ergevano in prospettiva contro il cielo.

In questa direzione egli diresse i suoi passi e discese il ripido pendio fino alla cima della collina. Dalla sommità guardò lo scenario che gli stava intorno. Il posto era una piazza spaziosa pavimentata di marmo, circondata da templi. Da una parte c'era il campo Marzio, unito al Tevere, il cui giallo flusso avanzava verso il Mar Mediterraneo. All'estremità, la città si spandeva nella sua ineguale estensione, sovrastata da stretti muri e, al di là, irradiava le sue strade lontano, verso le campagne. Templi, colonne e monumenti innalzavano i loro alti capi. Innumerevoli statue riempivano le strade con una moltitudine di forme scultoree, fontane slanciate nell'aria, carrozze che correvano attraverso le vie, le legioni di Roma marciavano avanti e indietro in parate militari e da ogni parte ondeggiava, senza tregua, la marea della vita nella città imperiale.

Lontano, la terra si estendeva punteggiata di villaggi senza numero, case e palazzi, ricca di lussuosa vegetazione, il luogo della pace e della pienezza. Da una parte sorgeva la linea blu degli Appennini, incoronati di neve; dall'altra le scure onde del Mediterraneo lavavano le distanti spiagge.

Improvvisamente Marcello fu attirato da un grido. Si voltò. Un vecchio in abiti succinti, con una faccia emaciata e gesti frenetici, stava urlando una spaventosa denuncia.

Il suo sguardo selvaggio e la maniera fiera mostrava che non era completamente in sé.

> "E' caduta, è caduta Babilonia la grande! E' diventata ricettacolo di demoni, covo di ogni spirito immondo, rifugio di ogni uccello impuro e abominevole.
>
> Perché i suoi peccati si sono accumulati fino al cielo e Dio si è ricordato delle sue iniquità. Usatele il trattamento che lei usava, datele doppia retribuzione per le sue opere … datele tormento e afflizione nella stessa misura in cui ha glorificato se stessa e vissuto nel lusso.

Perciò in uno stesso giorno verranno i suoi flagelli: morte, lutto e fame, e sarà consumata dal fuoco, poiché potente è Dio, il Signore che l'ha giudicata.

I re della terra che fornicavano e vivevano in lascivie con lei, quando vedranno il fumo del suo incendio piangeranno e faranno cordoglio per lei. Spaventati dai suoi tormenti se ne staranno lontani e diranno: 'Ahi, ahi! Babilonia, la gran città, la potente città! Il tuo giudizio è venuto in un momento.

I mercanti che sono stati arricchiti da lei se ne staranno lontani per timore del suo tormento, piangeranno e faranno cordoglio dicendo: Ahi, ahi, la gran città che era vestita di lino fino, di porpora e di scarlatto, adorna d'oro, di pietre preziose e di perle! In un attimo una ricchezza così grande è stata distrutta.' Tutti i piloti, tutti i naviganti, i marinai e quanti trafficano sul mare se ne staranno lontano e vedendo il fumo del suo incendio esclameranno:

'Quale città fu mai simile a questa grande città?' E si getteranno della polvere sul capo e grideranno, piangeranno e faranno cordoglio dicendo:

Ahi, ahi! La grande città nella quale tutti quelli che avevano navi in mare si erano arricchiti con la sua opulenza! In un attimo è stata ridotta a un deserto.

Rallegrati, o cielo, per la sua rovina. E voi santi, apostoli e profeti, rallegratevi perché Dio, giudicandola, vi ha reso giustizia."

Una vasta folla si raccolse intorno a lui stupita, ma a malapena egli si fermò quando alcuni soldati apparsero per portarlo via.

"Senza dubbio è uno di quei poveri Cristiani il cui cervello è stato sconvolto dalla sofferenza," pensò Marcello. Mentre l'uomo veniva portato via, continuava a gridare le sue terrificanti denunce e una grande folla lo seguì deridendolo. Presto il rumore si placò e si sentì sempre più distante.

"Non c'è tempo da perdere. Devo andare!", pensò Marcello e si voltò.

CAPITOLO 8
LA VITA NELLE CATACOMBE

*«O tenebre, tenebre, tenebre, nel bagliore di mezzogiorno.
Irrevocabilmente tenebre, eclissi totale,
senza alcuna speranza di giorno!»*

Al suo ritorno nelle Catacombe, Marcello fu accolto con lacrime di gioia. Ascoltarono con ogni premura il resoconto del colloquio con i suoi superiori e, mentre simpatizzavano con le sue difficoltà, gioivano nel sapere che egli era stato trovato degno di soffrire per Cristo.

Circondato da questo nuovo scenario, imparava ogni giorno di più riguardo alla verità, e vedeva ciò che i suoi seguaci sopportavano. La vita nelle Catacombe si apriva intorno a lui in tutte le sue meravigliose varietà. Il vasto numero di coloro che dimoravano al di sotto, veniva sostenuto con provvigioni attraverso la comunicazione costante con la città di sopra. Tutto questo veniva portato avanti durante la notte. Gli uomini più risoluti e coraggiosi si offrivano come volontari per questo compito pericoloso. A volte c'erano alcune donne e anche ragazzi che andavano a fare le commissioni, il giovane Pollio era il più acuto e tornava con migliori risultati di tutti. Tra la vasta popolazione di Roma non era difficile passare inosservati, e, di conseguenza, le cose necessarie erano ottenute facilmente. A volte, tuttavia, il viaggio aveva un esito fatale, e i coraggiosi avventurieri non tornavano più. C'era una grande quantità d'acqua nei passaggi sui vari piani, sorgenti e fontane qui rifornivano a sufficienza per tutti i bisogni.

La notte venivano fatte anche le spedizioni più tristi di tutte: si trattava dell'andare alla ricerca dei morti che erano stati sbranati dalle bestie feroci o bruciati sul rogo. I resti dei propri cari venivano ottenuti con grandi rischi e venivano portati giù tra migliaia di pericoli; poi gli amici del defunto avrebbero organizzato il funerale e la cremazione. Dopo tutto questo i resti venivano depositati nelle strette celle e chiusi con le lapidi sulle quali veniva inciso il nome dell'occupante.

Gli antichi Cristiani, ispirati dalla gloriosa dottrina della resurrezione, guardavano avanti con ardente speranza al momento in cui la corruzione sarebbe stata trasformata in incorruttibilità, il mortale in immortale.

Egli non era conscio del fatto che il corpo il cui destino era così sublime, sarebbe stato ridotto in cenere e che anche quelle fiammelle funerarie erano un disonore per quel tempio di Dio che era stato così altamente favorito dal Cielo. Così i corpi degli uomini venivano portati qui, fuori dalla vista degli uomini, dove nessuna mano irriverente poteva disturbare il solenne silenzio del loro ultimo riposo, fino a che "l'ultima tromba" avrebbe dato quella chiamata che la chiesa primitiva aspettava giornalmente con tanto ardore. Nella città di sopra, il Cristianesimo si era sviluppato nelle generazioni successive e, durante tutto quel tempo, i morti che venivano portati qui erano cresciuti notevolmente. Così ora le Catacombe formavano una vasta città dei morti, la cui silente popolazione dormiva in file senza fine, schiera dopo schiera, aspettando il grido del Signore che avrebbe raccolto i suoi "lavati col sangue" in un momento, in un battito di palpebre, per incontrarlo nell'aria.

In molti posti le volte erano state abbattute e il soffitto alzato tanto da formare delle stanze. Nessuna di loro era molto ampia, ma formavano delle aree dove i fuggitivi potevano incontrarsi in gruppi più grandi e respirare più liberamente. Lì passavano molto del loro tempo, e lì avevano anche i loro incontri di chiesa.

La natura dei tempi in cui vivevano spiega la loro situazione. Le semplici virtù della vecchia repubblica erano passate e la dissolutezza aveva preso piede. La corruzione si era sviluppata nell'impero e aveva conquistato ogni cosa sotto la sua intorpidita influenza. Complotti, ribellioni, tradimenti colpirono lo Stato, ma le persone, piegate, stavano in silenzio. Videro i più coraggiosi tra di loro soffrire, i loro nobili morire, rimanendo immobili. Il cuore generoso, l'anima di fuoco, non sorgevano più, solo le passioni più basse innalzavano i propri sentimenti degenerati; in un tale Stato, la verità di Cristo si fece largo fortemente e, fra tanti nemici, ebbe da combattere contro questi ostacoli per fare i suoi lenti, ma continui progressi. Coloro che venivano numerati sotto il suo stendardo, non avevano vita facile; la sua tromba non emetteva suoni incerti. Il conflitto era rigido e coinvolgeva reputazione, fama, fortuna, amici e la vita stessa – tutto ciò che un uomo ha di più caro. Il tempo scorreva. Se i seguaci della verità crescevano di numero, anche il vizio intensificava il suo potere e la sua malignità; le persone navigavano nella più profonda corruzione, lo Stato spingeva ad una rovina certa.

Sorsero poi quelle terribili persecuzioni che puntavano a cancellare dalla terra l'ultima traccia del Cristianesimo. Una terribile prova avrebbe aspettato i Cristiani se avessero resistito al decreto imperiale; per coloro che la seguivano, l'ordine della Verità era inesorabile, e quando la decisione era presa, era quella finale. Prendere una tale decisione, spesso significava per i Cristiani, morte immediata, o l'esilio dalla città, privati delle gioie della propria casa e della luce del giorno.

I cuori dei Romani erano induriti e i loro occhi accecati. Neppure l'innocenza dei bambini, o purezza delle donne, nessun uomo nobile, neppure il rispetto per i capelli bianchi, o la fede irremovibile, o l'amore trionfante sulla morte, poteva toccarli o muoverli a pietà. Essi non vedevano la nera nuvola di desolazione che sovrastava il distrutto impero, e non sapevano che coloro che nella loro furia perseguitavano, erano gli unici che potevano salvarli.

Eppure in quel regno di terrore, le Catacombe si aprivano davanti ai Cristiani come una città di rifugio. Lì giacevano le ossa dei loro padri che, di generazione in generazione, avevano lottato per la verità e i loro corpi consumati, attendevano lì il grido della resurrezione. Lì avevano portato i loro parenti, uno dopo l'altro li avevano lasciati, ed erano tornati in superficie. Lì un figlio aveva seppellito il corpo dell'anziana madre; lì erano stati portati i resti di coloro che erano stati fatti a pezzi dalle bestie feroci nell'arena, i corpi anneriti di coloro che erano stati dati alle fiamme, o i corpi buttati di coloro, più sfortunati, che avevano visto le proprie vite consumarsi tra la lenta agonia della morte per crocifissione. Ogni Cristiano aveva alcuni amici o parenti che giacevano lì. Il terreno e l'aria erano "santificati". Non era strano che essi cercassero sicurezza in un tale posto. In questo luogo sotterraneo, inoltre, trovarono l'unico rifugio dalla persecuzione. Non potevano cercarlo in una nazione straniera o scappare al di là del mare, perché per loro non c'erano paesi che potessero essere un riparo e nessun paese al di là del mare dava una speranza. Il potere imperiale di Roma, afferrava il mondo civilizzato nella sua morsa, il suo incredibile sistema di ordine pubblico si estendeva in tutti i territori e nessuno poteva fuggire dalla sua collera. Il suo potere era così irresistibile che, dal più nobile cittadino al più misero schiavo, ne erano tutti soggetti; l'imperatore detronizzato non poteva sfuggire alla sua vendetta; quando Nerone cadde, poté solo andarsene e suicidarsi in una villa vicina. Eppure lì, tra questi labirinti infiniti, anche il potere di Roma era vano e i suoi ingannevoli emissari vacillavano all'entrata.

Qui, allora, i Cristiani perseguitati sostavano, e un gran numero di persone affollava questi sentieri e grotte. Durante il giorno si incontravano per scambiarsi parole di incoraggiamento e conforto, o per commemorare la morte di alcuni nuovi martiri; durante la notte mandavano fuori i più coraggiosi fra di loro per scoprire qualcosa del mondo di sopra, o per portare sotto alcuni dei corpi massacrati di nuove vittime. Attraverso le diverse persecuzioni, essi lì vivevano più sicuri delle migliaia di credenti che perivano in tutto l'Impero; il potere della Cristianità a Roma fu scosso solo leggermente. La loro incolumità era assicurata e la vita preservata, ma a quale prezzo? Perché cos'è la vita senza luce, o cos'è la sicurezza del corpo nell'oscurità che deprime l'anima? La natura fisica dell'uomo si ritira da un destino simile e la sua delicata organizzazione è velocemente conscia della mancanza di questi indefinibili principi di rinnovamento che sono connessi solo con la luce. Una dopo l'altra le funzioni del corpo perdono il proprio tono e la propria energia. Questo indebolimento del corpo affligge la mente, predisponendola all'oscurità, al dubbio, e alla disperazione. Per un uomo è un onore più grande essere vero e risoluto in tali circostanze, che morire eroicamente in un'arena o perire senza indietreggiare al palo. Qui, dove intorno non ci sono altro che le ombre delle tenebre, essi incontravano le prove più dure.

La fermezza sotto la persecuzione era ammirabile, ma diventava sublime quando la persecuzione era mescolata a tali orrori.

L'aria fredda che talvolta entrava in questi labirinti li congelava, ma non portava aria pura da sopra; i pavimenti, i muri, i tetti, erano coperti con i depositi puzzolenti dei vapori umidi che circolavano intorno; l'atmosfera era impregnata di esalazioni impure e miasma velenoso: il denso fumo delle torce che bruciavano continuamente poteva mitigare i gas nocivi, ma opprimeva gli abitanti del posto con la sua accecante e soffocante influenza.

Eppure, in mezzo a questo cumulo di orrori, l'anima dei martiri continuava ad essere incrollabile. Lo spirito vivo che aveva resistito a tutto questo, si rafforzava più di quanto era mai successo negli orgogliosi giorni della vecchia repubblica. La forza di Regolo, la devozione di Curzio, la costanza di Bruto, erano qui vinte, non solo da uomini forti, ma anche dalle giovani vergini e dai deboli fanciulli. Così, non cedendo al feroce potere della persecuzione, questi uomini andavano avanti, onesti, puri di cuore, coraggiosi e nobili. Per loro la morte non recava terrore, nè quella terribile vita nella morte che erano chiamati a condurre lì nelle tristi regioni della morte. Sapevano bene cosa li poteva aspettare, così erano in grado di accettare ogni sofferenza. Di loro spontanea volontà erano scesi lì, perdendo tutto ciò che l'anima dell'uomo ha di più prezioso e resistettero per il grande amore con cui erano stati amati.

Gli sforzi costanti che fecero per diminuire le tenebre circostanti erano visibili ovunque. I muri in alcuni punti erano ricoperti con stucco bianco e in altri erano adornati con immagini, non di mortali divinizzati per un'adorazione idolatra, ma di quei grandi, vecchi eroi della verità che "per fede conquistarono regni, praticarono la giustizia, ottennero l'adempimento di promesse, chiusero le fauci dei leoni, spensero la violenza del fuoco, scamparono al taglio della spada, guarirono da infermità, divennero forti in guerra, misero in fuga eserciti stranieri."

Quando l'ora dell'amara angoscia si presentava, potevano guardare scene o leggere pensieri che potevano sollevare le loro anime, ispirarli con una forza rinnovata per il futuro, e quali soggetti migliori a cui guardare? Così forti da incoraggiare, così potenti da consolare.

Anche le decorazioni dei luoghi di culto erano molto speciali. L'unico mobile che essi contenevano era un semplice tavolo di legno su cui era posato del pane e del vino per la Santa Cena, i simboli del corpo e del sangue del loro Signore crocifisso.

La Cristianità nel corso degli anni dovette affrontare molte difficoltà e una di queste fu la lotta alla corruzione. Non suonava quindi strano che nella Chiesa restassero alcune tracce della troppo stretta vicinanza col nemico, e che ne portasse alcune giù nel suo rifugio. Se ci furono variazioni rispetto al modello apostolico, esse furono irrilevanti.

Ancora, le dottrine essenziali del Cristianesimo non conoscevano contaminazione, nessun cambiamento. La colpa dell'uomo, la misericordia del Padre, la riconciliazione attraverso il Figlio, il dimorare nello Spirito Santo, la salvezza attraverso la fede nel Redentore, il valore del suo sangue prezioso, la sua resurrezione fisica, la benedetta speranza del suo ritorno, tutte queste verità fondamentali erano nutrite con fervore e con un'energia a cui nessuna parola può far giustizia.

La loro era la speranza celeste, l'ancora dell'anima, così forte e così sicura che la furia dell'ira dell'Impero non riuscì a strapparli dalla Rocca dei tempi a cui essi erano aggrappati.

La loro era la fede sublime che li sosteneva nelle difficoltà più grandi. L'Uomo glorificato alla destra di Dio era l'oggetto della loro speranza. La fede in lui era tutto. Era il respiro della vita, così reale che li sorreggeva nell'ora del sacrificio cruento; così duratura che anche quando sembrava che tutti i seguaci di Cristo fossero spariti dalla faccia della terra, loro potevano ancora guardare con fiducia e attenderlo.

Il loro era quell'amore che Cristo, quando era sulla terra, definiva come contenente tutta la legge ed i profeti. Lo spirito settario, le amarezze denominazionali, lì erano sconosciute. Avevano un grande nemico da combattere; come avrebbero potuto contendere uno contro l'altro? Qui sorgeva un amore che non aveva nessun riguardo alla razza o alla classe sociale, ma abbracciava tutti nella sua immensa circonferenza, tanto che ognuno poteva dare la sua vita per il suo fratello. Qui l'amore di Dio sparso nei loro cuori dallo Spirito Santo, non si fermava al sacrificio della vita. La persecuzione che sorgeva intorno a loro fortificava in loro quello zelo, quella fede e quell'amore che risplendeva così lucente nel mezzo delle tenebre durante gli anni. Essa restringeva il loro numero ai veri e sinceri; era un antidoto all'ipocrisia. Dava il coraggio per atti di eroismo e ispirava i più tremanti dando il coraggio della devozione. Essi vivevano in un periodo in cui essere Cristiani voleva dire mettere a repentaglio la propria vita. Essi non indietreggiarono, ma proclamarono coraggiosamente la propria fede accettandone le conseguenze. Posero una linea di confine tra essi e il mondo e stettero valorosamente dalla loro parte. Per dirla in poche parole, fare un piccolo atto, poteva spesso salvare dalla morte; ma la lingua si rifiutava di pronunciare formule idolatre e la mano ostinata rifiutava di versare la libagione. Le dottrine vitali del Cristianesimo erano per essi molto più importanti di un semplice responso intellettuale, lo stesso Cristo non era per loro un'idea, un pensiero, ma una persona reale. La vita di Gesù sulla terra era una verità vivente. Essi l'accettavano come l'esempio migliore per ogni uomo. La sua gentilezza, l'umiltà, la pazienza e mansuetudine, credevano fossero state offerte loro per imitarle; mai separavano il Cristiano ideale dalla realtà. Pensavano che la fede di un uomo consistesse tanto in vita quanto in sentimento e non avevano imparato a separare la dottrina dal Cristianesimo pratico. Per essi la morte di Cristo era un grande evento che per tutti gli altri era secondario. Nessuno poteva capire meglio di loro colui che morì a fatti e non a parole per i figli degli uomini. Colui che è risorto e glorificato alla destra di Dio, a cui tutta la potenza è data in cielo e sulla terra, era per essi una realtà divina. Tra i propri fratelli potevano pensare a molti che si sarebbero fatti appendere ad una croce per qualcun altro o morire al rogo per il loro Dio. Avevano preso la croce e seguito Cristo, sopportando il suo vituperio.

Quella croce e quel vituperio non erano figurativi. Lo testimoniavano questi oscuri labirinti, case solo per morti, che mai erano stati aperti per proteggere i viventi. Lo testimoniavano i nomi di questi martiri, quelle parole di trionfo. I muri riportavano indietro nel tempo le parole di dolore, di lamento e di ogni sentimento che mutava e che era stato inciso nelle epoche successive da coloro che erano stati esiliati in queste Catacombe.

Portavano lì giù le loro storie per i tempi futuri, offrendo all'immaginazione le forme, i sentimenti, e le opere di coloro che erano imprigionati lì. Come le forme di vita sono impresse sul negativo di una macchina fotografica, così la grande voce proveniente dalle anime dei martiri, tirata fuori dalla sofferenza, rimaneva impressa sul muro.

Umili testimoni della verità, disprezzati, abbandonati, invano le loro suppliche di misericordia erano ascoltate dagli uomini; essi furono soffocati nel sangue fra i corpi macellati e il fumo del sacrificio.

Eppure, mentre la loro razza rispose al pianto di disperazione solo con nuove torture, questi muri rocciosi provarono ad essere più misericordiosi, portandoli al proprio petto, così che il loro pianto di sofferenza potesse rimanere custodito e sepolto nella roccia per sempre.

La conversione di Marcello al Cristianesimo era stata improvvisa. Eppure questa veloce transizione dall'errore alla verità non era infrequente. Egli aveva provato le più alte forme di superstizione e filosofia pagana trovandole mancanti e quando il Cristianesimo apparve davanti a lui, egli trovò ciò che desiderava. Esso possedeva esattamente ciò che era necessario a soddisfare l'insaziabile fame della sua anima e a riempire il vuoto del suo cuore con una pienezza di pace. Avendo aperto i suoi occhi e avendo visto la luce del Sole della Giustizia, non poteva più chiuderli. Il lavoro di rigenerazione era stato divinamente compiuto ed egli diede un sereno benvenuto alla sofferenza condivisa con i perseguitati. Conversioni come queste ricordavano la prima predicazione del Vangelo. Dappertutto nel mondo pagano c'era un grande numero di anime che si sentivano come Marcello e che affrontavano le stesse esperienze. C'era solo bisogno di predicare la verità, accompagnata dal potere dello Spirito Santo, per aprire gli occhi e portarli a vedere la luce. Combinata con l'influenza divina che sorpassava la ragione umana, vediamo quindi la causa della rapida espansione del Cristianesimo.

Vivendo, muovendosi e conversando con i suoi nuovi fratelli, Marcello, presto iniziò ad entrare nelle loro speranze, paure e gioie. La loro fede e fiducia esprimeva chi erano veramente al cuore di Marcello e tutte le aspettazioni gloriose che li sostenevano, divennero la consolazione della sua anima. La benedetta Parola della vita, divenne il suo costante diletto e tutti i suoi insegnamenti trovarono in lui un ardente discepolo.

Incontri di lode e preghiera erano frequenti dappertutto nella Catacombe. Tagliati fuori dalle ordinarie occupazioni del mondo, essi si lanciavano interamente in altri, più alti obiettivi. Privati dell'opportunità di fare sforzi per il mantenimento del corpo, erano costretti a fare della cura dell'anima il loro affare principale. Guadagnavano ciò che avevano visto per fede. Il mondo con le sue cose allettanti e le migliaia di attrattive, aveva perso il suo mordente. Il cielo si avvicinava sempre di più, i loro pensieri e il loro linguaggio erano del Regno. Amavano parlare della gioia che attende coloro che saranno fedeli fino alla morte, amavano conversare ricordando i fratelli che se ne erano andati con il Signore, che non erano persi, ma semplicemente li avevano preceduti; parlandone, amavano anticipare l'ora in cui il loro proprio momento sarebbe arrivato, ma soprattutto, aspettavano ogni giorno, quella grande, chiamata finale che avrebbe risuscitato i morti, trasformato i viventi, e portato coloro che appartenevano a Gesù, comprati e lavati col suo sangue, ad incontrarlo nell'aria. Aspettavano il giudizio al trono di Cristo, dove egli avrebbe donato la ricompensa per il fedele servizio (1 Tessalonicesi 4: 13-18; Filippesi 3:20; 1 Cor. 3).

Così Marcello vide questi tristi passaggi non lasciati alla silente inattività dei morti, ma riempiti da migliaia di viventi. Smorti, pallidi e oppressi, trovarono fra queste tenebre un destino migliore di quello che si potevano aspettare lassù alla luce del sole. La vita impegnata animava il ritrovo dei vivi, i sentieri risuonavano del suono delle voci umane. La luce della verità e la virtù che li esiliava dall'aria in superficie, bruciava nuovamente fra le tenebre sotterranee. I teneri saluti di affetto, di amicizia, di fratellanza e d'amore, sorgevano fra i luoghi ammuffiti. Qui le lacrime di dolore si mischiavano con il sangue dei martiri e una mano affettuosa avvolgeva le loro pallide membra in un lenzuolo. In queste grotte le loro anime eroiche si innalzavano al di sopra del dispiacere. La speranza e la fede sorridevano esaltanti mostrando la luce della "splendente stella del mattino" e la voce di lode usciva dalle labbra di chi era in lutto.

CAPITOLO 9
LA PERSECUZIONE

«Infatti avete bisogno di costanza,
affinché fatta la volontà di Dio,
otteniate quello che vi è stato promesso.»

La persecuzione venne con una grande furia. Nelle poche settimane in cui Marcello visse nelle Catacombe, un grande numero di persone vi aveva trovato rifugio. Mai, prima di quel momento, tanti si erano rifugiati lì. Ultimamente le autorità se la prendevano con i Cristiani più in vista e, di conseguenza, i fuggitivi erano composti da questa classe; era quindi una severa persecuzione che abbracciava tutti e una tale violenza indiscriminata era stata mostrata solo sotto pochi Imperatori. Ora non c'era più distinzione di classe sociale o posizione; i più umili seguaci, così come i più illustri insegnanti erano spinti verso la morte.

Fino a questo momento la comunicazione con le città era apparentemente facile perché i poveri Cristiani di sopra non negavano mai aiuto a quelli di sotto, né dimenticavano i loro bisogni; provviste e assistenza di tutti i tipi erano ottenute prontamente, ma ora gli unici su cui potevano contare, erano loro stessi, uscendo, condividendo anche quelli di sopra il loro destino e diventando partecipanti, piuttosto che portatori di carità.

La loro situazione tuttavia non era disperata. C'erano ancora molte persone a Roma che li amavano e li assistevano, anche se non erano cristiane. In ogni grande movimento c'è sempre una buona parte composta da persone neutre che, per interesse o per indifferenza, rimanevano ferme.

Queste persone si univano generalmente alla parte più forte, pronte a scappare al primo pericolo. Tale era la condizione della maggior parte a Roma. Essi avevano amici e parenti fra i Cristiani che amavano e per cui provavano simpatia. Erano sempre stati pronti ad assisterli, ma avevano troppo a cuore la propria incolumità per portarli nelle loro dimore. Continuavano, come sempre, ad assistere all'adorazione dei loro dei, ed erano nominalmente aderenti alle vecchie superstizioni. Su queste persone, ora i Cristiani erano obbligati a dipendere per le necessità della vita.

Le spedizioni in città erano ora accompagnate da grande pericolo e solo i più coraggiosi osavano avventurarsi. Tale, comunque, era il disprezzo del pericolo e della morte con cui essi avevano a che fare, che non c'era mai scarsità di uomini per questo compito pericoloso.

Anche Marcello si offrì, felice di poter in qualche modo fare del bene ai suoi fratelli. La sua mancanza di paura e l'acutezza, che l'aveva un tempo portato agli alti ranghi come militare, ora lo rendeva adatto per il successo di questo obiettivo.

Un gran numero di persone veniva annientato ogni giorno. I loro corpi venivano cercati e portati via dai Cristiani per seppellirli. Il tutto non era molto difficile da attuare, perché sollevava le autorità dal peso di bruciare e seppellire i corpi.

Un giorno arrivò la notizia alla comunità sottostante la Via Appia, che due dei loro erano stati messi a morte. Marcello e un altro Cristiano andarono per ottenere i corpi. Anche il giovane Pollio andò con loro per essere utile in caso di bisogno. Era il crepuscolo quando entrarono nelle porte della città e il buio venne rapidamente. Ben presto, comunque, la luna sorse illuminando la scena.

Essi si infilarono in strade buie e, alla fine, arrivarono al Colosseo, luogo di martirio per così tanti dei loro compagni. La scura sagoma dell'edificio si innalzava davanti a loro, vasta, tenebrosa e austera come il potere imperiale che rappresentava. Una folla di guardie, soldati e gladiatori erano dentro le porte di ferro, dove i passaggi erano illuminati da torce.

Le guardie conoscevano i loro scopi e rudemente ordinarono loro di seguirli. Li condussero fino all'arena. Qui giaceva un gran numero di corpi che erano stati dilaniati quel giorno. Erano orribilmente mutilati e alcuni scarsamente riconoscibili come esseri umani.

Dopo una lunga ricerca, trovarono i due che cercavano. I loro corpi erano stati messi in grandi sacchi pronti per essere portati via.

Marcello guardò la scena. Tutto intorno a lui sorgeva un muro massiccio su cui si innalzavano molte terrazze al di là del circolo esterno. La sua ombra nera sembrava chiuderlo con una barriera che non poteva oltrepassare.

"Quanto tempo passerà", pensò, "prima che prenda il mio posto qui e dia la vita per il mio Salvatore? Quando quel tempo verrà, sarò io saldo? Signore Gesù, in quell'ora sostienimi!"

La luna non si era ancora alzata a sufficienza per illuminare l'arena. All'interno l'ambiente era buio e minaccioso. La ricerca era stata fatta con torce ottenute dalle guardie. In quel momento Marcello udì una voce profonda proveniente dalle volte alle sue spalle. Il suo tono risuonò nell'aria della notte in modo distinto e fu udita al di là del rude schiamazzo delle guardie:

> "Ora è venuta la salvezza e la potenza, il Regno del nostro Dio, e il potere del suo Cristo, perché è stato gettato giù l'accusatore dei nostri fratelli, colui che giorno e notte li accusava davanti al nostro Dio. Ma essi lo hanno vinto per mezzo del sangue dell'Agnello, e con la parola della loro testimonianza; e non hanno amato la loro vita, anzi l'hanno esposta alla morte."

"Chi è costui?", chiese Marcello.

"Non farci caso," rispose il suo compagno. "E' fratello Cinna. Il suo dolore l'ha reso pazzo. Il suo unico figlio fu bruciato all'inizio della persecuzione e da quel momento egli vaga per la città denunciando la sua pena. Fino a poco tempo fa l'avevano lasciato stare, ma ora lo hanno arrestato."

"E' prigioniero qui?"

"Sì, è così."

Ancora si elevò la voce di Cinna, tremante, minacciosa e terribile:

"Fino a quando aspetterai, o Signore santo e veritiero,
per fare giustizia e vendicare il nostro sangue su quelli che abitano sopra la terra?"

"Questo, dunque, è l'uomo che ho udito al Campidoglio?"

"Sì, ha attraversato la città e il suo pianto si è udito anche nel palazzo."

"Andiamo."

Presero i loro sacchi e si avviarono verso le porte. Dopo una piccola attesa, gli fu permesso di passare. Come uscirono, udirono la voce di Cinna a distanza:

"E' caduta, è caduta, Babilonia la grande! E'
diventata ricettacolo
di demoni, covo di ogni spirito immondo,
rifugio di ogni uccello
impuro ed abominevole.
Uscite da essa, popolo Mio."

Nessuno di loro parlò fino a che non ebbero raggiunto una distanza di sicurezza dal Colosseo.

"Ho paura," disse Marcello "che ci possano catturare."

"Le tue paure sono giustificate," disse l'altro.

"In questo momento, le guardie possono essere sulle tue tracce, ma dobbiamo essere preparati a questo. In tempi così, dobbiamo essere pronti ad affrontare la morte ad ogni angolo. Cosa dice il Signore? "Vegliate." Dobbiamo essere pronti a dire queste parole quando il tempo verrà: "Ora sono pronto a sacrificarmi.""

"Sì", disse Marcello, "il nostro Signore ci ha avvertito riguardo ciò che ci aspetta: 'Nel mondo avrete tribolazioni', e disse anche, 'ma fatevi animo, Io ho vinto il mondo dove sono io sarete anche voi.'"

"Attraverso di lui", continuò Marcello, "siamo più che vincitori sopra la morte. Le afflizioni presenti sono niente rispetto alla gloria che ci sarà rivelata."

Così, si consolarono l'un l'altro con le promesse della benedetta Parola della Vita che, in tutte le età e in ogni circostanza, può dare una tale, celeste consolazione.

Portando i loro carichi, alla fine raggiunsero la destinazione sani e salvi, riconoscenti di essere stati preservati.

Pochi giorni dopo Marcello uscì allo scoperto per procurare delle provviste. Questa volta era solo. Si recò a casa di un uomo che era loro amico e che gli aveva fornito molta assistenza. Si trovava al di là delle mura, in un sobborgo vicino alla Via Appia. Dopo aver ottenuto ciò di cui aveva bisogno, cominciò a fare alcune domande per sapere le ultime novità.

"Le novità, purtroppo non sono per niente buone", disse l'uomo, "uno degli ufficiali Pretoriani si è recentemente convertito al Cristianesimo e l'Imperatore è furioso. Ha incaricato un altro di prendere il posto dell'ufficiale e l'ha mandato a perseguitare i Cristiani. Ne catturano diversi ogni giorno."

"Ah, e conosci il nome dell'ufficiale Pretoriano incaricato di perseguitare i Cristiani?"

"Lucullo."

"Lucullo," mormorò rattristato Marcello. "Che strano!"

"Si dice che sia un uomo di grandi capacità ed energia."

"Ho sentito parlare di lui. Questa è proprio una cattiva notizia per i Cristiani."

"La conversione di quell'altro ufficiale Pretoriano ha veramente fatto arrabbiare l'Imperatore. C'è ora una taglia sulla sua testa. Se hai la possibilità di incontrarlo sul tuo cammino, è meglio che tu lo avverta. Dicono che sia nelle Catacombe."

"Sì, deve essere lì. Non c'è altro posto dove stare al sicuro."

"Questi sono tempi terribili. Hai bisogno di essere cauto."

"Non possono uccidermi più di una volta", disse Marcello.

"Certo che voi Cristiani avete una forza incredibile. Ammiro il vostro coraggio, anche se penso che dovreste conformarvi al decreto dell'Imperatore. Perché dovreste correre così velocemente verso la morte?"

"Il nostro Redentore morì per noi, noi siamo pronti a morire per Lui. E dal momento che morì per il suo popolo, siamo pronti a seguire il suo esempio e deporre la nostra vita per i nostri fratelli."

"Siete persone meravigliose", disse l'uomo alzando le sue mani.

Marcello si congedò e partì con le sue provviste. Le notizie che aveva appena ricevuto riempivano la sua mente.

"Così Lucullo ha preso il mio posto," pensò. "Mi chiedo se mi abbia voltato la faccia. Mi considererà ancora il suo amico Marcello, o soltanto un Cristiano? Potrei scoprirlo presto. Sarebbe strano se cadessi nelle sue mani, eppure, se sarò catturato, sarà probabilmente per mano sua.

Questo è il dovere di un soldato, perché dovrei quindi lamentarmi? Se gli è stato affidato questo compito, non deve fare altro che obbedire. Come soldato può inevitabilmente trattarmi come un nemico dello Stato. Egli può avere pietà o amore per me nel suo cuore, ma non può mancare il suo compito."

"Se c'è una taglia sulla mia testa, essi raddoppieranno i loro sforzi. Il mio momento, credo, è alle porte, devo essere pronto ad affrontarlo."

Con tali pensieri si incamminò verso la Via Appia. Era assorto nella sua meditazione e non si accorse della folla di persone che si era raccolta all'angolo della strada fino a che non ci si trovò in mezzo. Si fermò improvvisamente.

"Ehi, amico," gridò una voce rude. "Non così velocemente! Chi sei e dove stai andando?"

"Via", gridò Marcello con il tono di comando di uno che è capo sopra altri uomini; e si lasciò l'uomo alle spalle.

La folla rimase esterrefatta dal suo tono autoritario dalle maniere imperiali, ma l'uomo che aveva parlato mostrò ancora più coraggio.

"Dicci chi sei, o di qui non passi."

"Amico," disse Marcello, "fatti da parte! Non sai chi sono io? Sono un Pretoriano!"

Al solo nominare quella parola la folla si aprì e Marcello passò attraverso di essa, ma non aveva fatto più di cinque passi che una voce esclamò: "Fermatelo, è il Cristiano Marcello!"

Un grido sorse dalla folla. Marcello non aveva bisogno di ulteriori parole, afferrando il suo carico, cominciò a correre verso il Tevere. L'intera folla lo inseguì, ma Marcello era stato addestrato ad ogni tipo di sport e presto la distanza tra lui e la folla aumentò notevolmente; alla fine raggiunse il Tevere e si diresse nella direzione opposta.

Gli inseguitori non lo inseguirono oltre.

CAPITOLO 10
L'ARRESTO

«La prova della nostra fede produce pazienza.»

Onorio era seduto nella cappella con alcune persone, tra cui donna Cecilia. I raggi flebili dell'unica lampada illuminavano insufficientemente la scena. Erano silenziosi e tristi; una profonda malinconia li aveva colti. Intorno a loro c'era il rumore dei passi, delle voci e un confuso mormorio di vita.

Improvvisamente udirono un passo veloce e Marcello entrò. Gli occupanti della cappella si alzarono piangendo dalla gioia.

"Dov'è Pollio?", gridò Cecilia agitata.

"Non l'ho visto!", disse Marcello.

"Non l'hai visto?", replicò Cecilia cadendo sulla sua sedia.

"Perché, è in ritardo?"

"Doveva tornare sei ore fa ed io sono molto preoccupata."

"Oh, non c'è pericolo," disse Marcello sottovoce, "sa badare a sé stesso." Cercò di passare oltre con tono noncurante, ma il suo aspetto tradiva le sue parole.

"Non c'è pericolo," disse Cecilia, "sappiamo benissimo tutti che tipi di pericoli ci sono. Non è mai stato così pericoloso come ora."

"Cosa ti ha fatto tardare, Marcello? Avevamo cominciato a rassegnarci a non vederti più."

"Sono stato fermato vicino alla Via Alba," disse Marcello.

"Ho preso il mio carico e sono corso verso il fiume. La folla mi ha inseguito, ma sono riuscito a saltare nel fiume e attraversarlo. Ho preso poi una via secondaria nella direzione opposta, dopodiché ho riattraversato e sono arrivato qui sano e salvo."

"Hai avuto una fuga difficile, c'è una taglia sulla tua testa."

"L'avete saputo?"

"Sì e c'è di più. Abbiamo sentito del raddoppio degli sforzi che erano stati fatti per colpirci. Stanno arrivando tempi difficili e noi dobbiamo contare più che mai su colui che è il solo che può salvarci."

"Noi possiamo confonderli," disse Marcello speranzoso.

"Essi tengono d'occhio le nostre entrate principali," disse Onorio.

"Allora possiamo crearne delle altre. Le aperture sono innumerevoli."

"Hanno offerto delle ricompense per tutti i fratelli responsabili."

"E allora? Proteggeremo quei fratelli più attentamente che mai."

"Le nostre ragioni di vita si stanno lentamente assottigliando."

"Ma ci sono ancora molti cuori coraggiosi e fedeli come sempre. Chi ha paura di rischiare la propria vita ora? Finché vivremo nelle Catacombe non finiranno mai le provviste; se siamo in grado di continuare le nostre fughe, aiuteremo i nostri fratelli, se moriamo, riceveremo la corona del martirio."

"Hai ragione, Marcello. La tua fede svergogna le mie paure. Come possono coloro che vivono nelle Catacombe aver paura di morire? Sarà un buio momentaneo che passerà subito. Ma in questo giorno abbiamo sentito troppe cose che hanno stressato i nostri cuori e hanno riempito i nostri spiriti di spavento."

"Ahimé," continuò Onorio, con una voce che assomigliava a un lamento. "Le persone sono sparse e le assemblee desolate! Ma cinque mesi fa c'erano cinquanta assemblee Cristiane in questa città dove la luce della verità risplendeva e il suono di lodi e preghiere saliva al Dio Altissimo. Ora sono state rivoltate, le persone disperse e portate via dalla vista dell'uomo."

Egli fece una pausa, sopraffatto dall'emozione e poi con un filo di voce ripeté le parole di lamento del Salmo 80:

> "Signore, Dio degli eserciti, fino a quando sarai irritato contro la preghiera del tuo popolo?
> Tu li hai cibati di pane intriso di pianto e li hai dissetati con lacrime in abbondanza.
> Tu ci hai resi oggetto di contesa per i vicini e i nostri nemici ridono di noi.
> O Dio degli eserciti ristoraci, fa risplendere il tuo volto e saremo salvi.
> Portasti fuori dall'Egitto una vite; scacciasti le nazioni per piantarla.
> Tu sgombrasti il terreno ed essa mise radici e riempì la terra.
> I monti furono coperti della sua ombra e i suoi tralci furono come cedri altissimi.
> Stese i suoi rami fino al mare e i suoi germogli fino al fiume.
> Perché hai rotto i suoi recinti e tutti i passanti la spogliano?
> Il cinghiale del bosco la devasta, le bestie della campagna ne fanno il loro pascolo.
> O Dio degli eserciti, ritorna; guarda dal Cielo e vedi, e visita questa vigna;
> proteggi quel che la tua destra ha piantato, e il germoglio che hai fatto crescere forte per te.
> Essa è arsa dal fuoco, è recisa; il popolo perisce alla minaccia del Tuo volto."

"Tu sei triste, Onorio," disse Marcello.

"Le sofferenze, è vero, stanno aumentando in mezzo a noi; ma possiamo essere più che vincitori attraverso colui che ci ha amati. Cosa dice lui?"

"A colui che vincerà io darò da mangiare dell'albero della vita."

Mentre Marcello pronunciava queste parole, il suo corpo si fece eretto, i suoi occhi brillavano e il suo viso era colmo di entusiasmo. Le sue emozioni furono trasmesse ai suoi compagni e mentre, una ad una queste gloriose promesse arrivavano alle loro orecchie, dimenticarono per un po' i loro dispiaceri pensando alle future benedizioni. La Nuova Gerusalemme, le strade dorate, le palme di gloria, il canto dell'Agnello, la faccia di colui che era assiso sul trono, tutto questo era presente nella loro mente.

"Marcello," disse Onorio, "hai scacciato la mia oscurità con le tue parole; dobbiamo essere superiori alle tribolazioni terrene. Venite, fratelli, deponiamo le nostre preoccupazioni. Il più giovane nella fede ha svergognato la nostra. Guardiamo alla gioia che ci è posta davanti perché noi sappiamo che anche se il nostro uomo esteriore si va disfacendo, il nostro uomo interiore si rinnova di giorno in giorno."

"La morte è vicina," continuò, "i nemici ci circondano e il cerchio si stringe. Che la nostra morte sia degna del nome che portiamo."

"Perché questi sguardi cupi?", disse Marcello. "E' la morte più vicina di quanto fosse prima? Non siamo al sicuro nelle Catacombe?"

"Non l'hai saputo, allora?"

"Cosa?"

"Della morte di Crisippo?"

"Crisippo! Morto! No! Come? Quando?"

"I soldati dell'Imperatore sono stati condotti giù nelle Catacombe da qualcuno che conosceva la strada."

"Sono arrivati fino alla stanza dove si stava tenendo il culto. Questo è successo nelle Catacombe al di là del Tevere. I fratelli hanno dato l'allarme e sono fuggiti, ma il venerabile Crisippo, sia per la sua vecchiaia, che per il desiderio di martirio, ha rifiutato di scappare, si è gettato in ginocchio e ha cominciato a pregare; due fedeli attendenti sono rimasti con lui. I soldati sono piombati nella stanza e, anche se Crisippo era in ginocchio, l'hanno colpito violentemente alla testa; è caduto morto sul colpo e i suoi due attendenti sono stati scannati di fianco a lui."

"Sono andati a raggiungere il nobile esercito dei martiri, sono stati fedeli fino alla morte e riceveranno la corona della vita," disse Marcello.

In quel momento furono interrotti da un improvviso tumulto, istantaneamente furono all'erta.

"I soldati," esclamarono tutti.

Ma no, non erano i soldati. Era un Cristiano, un messaggero dal mondo di sopra. Pallido e tremante, si gettò a terra e, agitando la sua mano, parlò quasi senza respiro:

"Ahimé, ahimé!"

A donna Cecilia la vista di quest'uomo fece uno strano effetto. Stava indietro contro il muro tremando dalla testa ai piedi, le mani giunte, gli occhi che guardavano intorno all'impazzata, le labbra che si muovevano come per voler dire qualcosa, ma non usciva nessun suono.

"Parla, parla! Dicci tutto," gridò Onorio.

"Pollio," sussurrò il messaggero.

"Cosa gli è successo?", chiese Marcello costernato.

"E' stato arrestato, è in prigione."

A quella comunicazione scoppiò un urlo che suonò pieno di paura. Veniva da donna Cecilia. In un attimo si era accasciata sul pavimento.

I presenti corsero a soccorrerla e la riportarono al suo alloggio. Lì cercarono di rianimarla ed essa rinvenne, ma il colpo era stato così duro che le sembrava di vivere in un sogno.

Nel frattempo il messaggero aveva riacquistato le forze e raccontò tutto ciò che sapeva.

"Pollio era con te?", chiese Marcello.

"No, era solo."

"Con quale compito?"

"Quello di avere notizie fresche. Io ero al lato della strada un po' più indietro rispetto a lui. Stava tornando a casa. Abbiamo camminato fino a che non abbiamo incontrato un gruppo di uomini. Con mia grande sorpresa, Pollio si era fermato a discutere. Non ho capito ciò che si dicevano, ma ho visto i loro gesti e a distanza, ho visto che lo catturavano. Non ho potuto fare niente, mi sono tenuto a distanza di sicurezza ed ho continuato ad osservarli. Nel giro di mezz'ora una truppa Pretoriana era sul posto. Pollio fu loro consegnato e portato via."

"Pretoriani?", disse Marcello. "Conosci il capitano?"

"Sì, era Lucullo."

"Bene," disse Marcello e cadde in una profonda riflessione.

CAPITOLO 11
L'OFFERTA

*«Non c'è amore più grande
che quello di dare la vita per i propri amici.»*

Era sera nel campo Pretoriano. Lucullo era nella sua stanza illuminata da una lampada che emanava una brillante luce tutt'intorno.

Improvvisamente qualcuno bussò alla porta ed egli si affrettò ad aprire. Un uomo entrò ed avanzò silenziosamente al centro della stanza. Si liberò della copertura dell'ampio mantello da cui era avvolto e affrontò Lucullo.

"Marcello," gridò l'altro stupito, mentre si faceva avanti abbracciando il suo visitatore pieno di gioia.

"Amico caro," disse egli, "a quale felice opportunità devo questo incontro? Stavo proprio pensando a te, cercando di immaginare quando ci saremmo incontrati di nuovo."

"Temo che i nostri incontri," disse Marcello con tono triste, "non saranno molto frequenti ora. Sto facendo questo a rischio della mia vita."

"Vero," disse Lucullo, partecipando alla sua tristezza.

"Tu sei ricercato e c'è una taglia sulla tua testa. Eppure, eccoti qui, salvo come in quei giorni felici prima che questa pazzia ti intrappolasse. O Marcello, perché non puoi tornare indietro?"

"Non posso cambiare la mia natura e nemmeno ciò che è stato fatto. Ancora di più, Lucullo, anche se può apparirti difficile da comprendere, non sono mai stato così felice."

"Felice," gridò l'altro profondamente sorpreso.

"Sì, Lucullo, anche se afflitto, non sono atterrato; anche se perseguitato, non sono disperato."

"La persecuzione dell'Imperatore non è materia di poco conto."

"Lo so molto bene. Vedo i fratelli cadere a causa d'essa ogni giorno. Ogni giorno il cerchio che mi circonda si assottiglia. Compagni vanno su in città, ma sono portati indietro morti per essere depositati nelle proprie tombe."

"E ancora dici che sei felice?"

"Sì, Lucullo, ho una pace di cui il mondo non è a conoscenza; una pace che viene dall'alto, che supera ogni comprensione."

"So Marcello, che sei troppo coraggioso per aver paura della morte, ma non avrei mai immaginato che tu potessi avere quella forza per sopportare così tranquillamente tutto ciò che presto dovrai soffrire. Il tuo coraggio è soprannaturale, o piuttosto è il coraggio dei pazzi."

"Viene dall'alto. Lucullo. Il mio Signore Gesù Cristo per me è più di tutte le ricchezze e l'onore del mondo. Un tempo ero incapace di provare una cosa del genere, ma ora le cose vecchie sono passate e tutto è diventato nuovo, sostenuto da questa nuova forza posso sopportare tutto il male che mi può venire contro. Non mi aspetto altro che sofferenze e so che morirò con agonia; eppure questo pensiero non supera la forte fede che ho dentro di me."

"Mi fa male," disse Lucullo tristemente "vederti così determinato. Se vedessi un minimo segno di titubanza in te, spererei che il tempo potesse cambiare o modificare i tuoi sentimenti, ma sembri veramente determinato nel tuo nuovo cammino."

"Che Dio mi conceda di essere fedele fino alla fine!", disse Marcello con tono sicuro.

"Ma non è dei miei sentimenti che sono venuto a parlare. Vengo, Lucullo, per chiedere il tuo aiuto, per richiamare la tua solidarietà. Tu una volta mi promettesti di mostrarmi la tua amicizia se ne avessi avuto bisogno, ora vengo a reclamare questa promessa."

"Tutto ciò che è in mio potere è già tuo, Marcello. Dimmi ciò che vuoi."

"Tu hai un prigioniero."

"Sì, ne ho molti."

"Questo è un ragazzino."

"Credo che i miei uomini abbiano catturato un ragazzo poco tempo fa."

"Questo giovane è troppo insignificante per essere catturato. Inoltre, non è ancora sotto l'ira dell'Imperatore, è ancora in tuo potere. Io vengo, Lucullo, per implorare la sua liberazione."

"Ahimé Marcello, cosa mi stai chiedendo? Hai dimenticato la disciplina dell'esercito Romano, o il giuramento militare? Non sai che se facessi questo, violerei quel giuramento e sarei un traditore? Se tu mi chiedessi di cadere sulla mia spada, lo farei molto più prontamente di questo."

"Non ho dimenticato il giuramento militare e nemmeno la disciplina del campo, Lucullo. Io penso che questo ragazzo, essendo poco più che un bambino può non essere considerato un prigioniero; l'ordine dell'Imperatore si estende anche ai bambini?"

"Non ha fatto distinzione d'età. Non hai visto anche tu bambini e giovani come questo soffrire la morte nel Colosseo?"

"Ahimé, l'ho visto," disse Marcello, mentre i suoi pensieri tornavano a quelle ragazze il cui canto di morte una volta aveva colpito in modo così doloroso e dolce insieme il suo cuore. "Allora, anche questo ragazzo deve soffrire?"

"Sì," disse Lucullo, "a meno che abiuri il Cristianesimo."

"Non lo farà mai."

"Allora andrà incontro al suo destino. La legge dice questo, non io, Marcello, io sono solo uno strumento, non darmene la colpa."

"Non ti condanno. So bene quanto tu sia ubbidiente. Permettimi allora di farti un'altra proposta. Liberare i prigionieri non è permesso, ma uno scambio di prigionieri è legale."

"Sì."

"Se ti dicessi di un prigioniero molto più importante di quel ragazzo, lo scambieresti, non è vero?"

"Ma tu non hai preso nessuno di noi prigioniero!"

"No, ma abbiamo potere sopra i nostri. E c'è qualcuno fra di noi per cui l'imperatore ha posto una enorme ricompensa; per la cattura di quest'ultimo, dovrebbero essere restituiti almeno un centinaio di ragazzi."

"E' quindi normale tra i Cristiani tradirsi l'un l'altro?"

"Impossibile."

"E' così in questo caso. Ma chi si offrirebbe?"

"Io, Marcello!"

A questa sconvolgente dichiarazione Lucullo indietreggiò.

"Tu," gridò.

"Sì, io."

"Tu stai farneticando. E' impossibile!"

"Sono serio. E' per questo che ho esposto la mia vita per venire da te. Ho mostrato l'interesse che ho per lui correndo questo grande rischio. Ti spiegherò!"

"Questo ragazzo, Pollio, è l'ultimo di un'antica famiglia Romana; è l'unico figlio di sua madre. Suo padre morì in battaglia. Appartiene alla famiglia dei Servili."

"I Servili. Allora, sua madre è donna Cecilia."

"Sì, si è rifugiata nelle Catacombe. La sua intera vita e il suo amore sono attaccati a questo ragazzo. Ogni giorno gli permette di andare in città, un'avventura pericolosa e durante la sua assenza lei sta in gran pena. Nello stesso tempo, ha paura a tenerlo sempre chiuso là a causa dell'aria viziata che può essere fatale per la sua vita. Così lo espone a quello che lei pensa sia il pericolo minore. Questo è il ragazzo che voi tenete prigioniero. Sua madre l'ha saputo e ora, sta lottando tra la vita e la morte. Se distruggete lui, morirà anche lei e una delle più nobili e pure famiglie di Roma non esisterà più."

"Per questa ragione, vengo a offrire me stesso in cambio. Chi sono io? Sono solo al mondo, nessuna vita è legata alla mia. Nessuno dipende da me per il presente, né per il futuro, Non ho paura della morte. Può essere adesso come in qualsiasi altro momento. Verrà prima o poi e io preferisco donare la mia vita per un amico, piuttosto che morire inutilmente."

"Per questa ragione, Lucullo, ti imploro, per i sacri legami dell'amicizia, per la tua pietà, per la promessa fattami, dammi il tuo aiuto ora e prendi la mia vita in cambio della sua."

Lucullo si alzò e cominciò a camminare per la stanza con grande agitazione.

"Perché, Marcello," gridò, "mi tratti in modo così terribile?"

"La mia proposta è facile da accettare."

"Tu dimentichi quanto la tua vita sia preziosa per me."

"Ma penso a quel ragazzo."

"Mi dispiace terribilmente per lui, ma pensi che possa ricevere la tua vita come ammenda?"

"La mia vita è già persa e prima o poi sarò catturato. Ti prego di farlo intanto che posso essere di qualche aiuto."

"Tu non morirai fino a che ci sarò io a impedirlo. La tua vita non è ancora persa. Per gli dei immortali, passerà molto tempo prima che prenda il tuo posto nell'arena."

"Nessuno mi potrà salvare una volta preso. Tu potrai provare a fare del tuo meglio, ma cosa potrai fare per qualcuno su cui è caduta l'ira dell'Imperatore?"

"Posso fare molto per sviarli. Tu non sai quanto io possa fare. Ma anche se non potessi fare niente, non voglio ascoltare questa proposta ora."

"Se andassi dall'Imperatore in persona, lui ascolterebbe la mia richiesta?"

"Egli ti prenderebbe prigioniero e vi metterebbe a morte entrambi."

"Potrei mandare un messaggero con la mia proposta."

"Il messaggio non gli arriverebbe mai, o almeno non in tempo."

"Non c'è quindi speranza?" disse Marcello con tono triste.

"Nessuna."

"E tu assolutamente rifiuti di attuare le mie richieste?"

"Ahimé, Marcello, come posso rendermi colpevole della morte di un amico? Tu non hai pietà di me. Perdonami se rifiuto una così irragionevole proposta."

"La volontà di Dio sarà fatta," disse Marcello. "Devo tornare indietro. Ahimé, come posso portare con me questo messaggio di disperazione?"

I due amici si abbracciarono in silenzio e Marcello partì, lasciando Lucullo sopraffatto dallo stupore per questa richiesta.

Marcello tornò alle Catacombe sano e salvo. I fratelli lì che sapevano di questa sua uscita, lo accolsero pieni di gioia. Donna Cecilia era ancora estraniata dal mondo, solamente conscia in parte degli eventi che la circondavano. A volte la mente vagava e nel suo delirio, parlava di avvenimenti felici della sua giovinezza. Ma la vita che aveva condotto nelle Catacombe, l'alternanza di paura e speranza, gioia e dispiacere, l'ansietà sempre presente e l'aria opprimente del posto stesso, aveva sopraffatto sia la mente che il corpo. La sua delicata natura si era abissata davanti alla furia della situazione e quest'ultima pesante notizia aveva completato la prostrazione, non riusciva a riprendersi dai suoi effetti.

Quella notte si presero cura di lei. Ogni ora diventava più debole e lentamente, ma inesorabilmente, la vita se ne stava andando. Al punto in cui era arrivata, nemmeno il ristoro di suo figlio l'avrebbe salvata.

Anche se i pensieri terreni l'avevano lasciata e i sentimenti si erano indeboliti, la passione di quegli anni vissuti, non aveva diminuito la sua potenza. Le sue labbra ancora mormoravano le sacre parole che per così a lungo erano state il suo sostegno e la sua consolazione; il nome del suo caro ragazzo usciva dalle sue labbra e il presente pericolo era dimenticato, ma era il benedetto nome di Gesù che veniva pronunciato con il più profondo fervore.

Dopo poco venne la fine, iniziò con un lungo momento di immobilità, gli occhi spalancati, un rossore passò sul suo viso pallido ed emaciato ed ella ebbe un ultimo grido:

"Vieni, Signore Gesù." Con pianti, la vita se ne andò e il puro spirito di donna Cecilia ritornò a Dio che glielo aveva donato.

CAPITOLO 12
LA PROVA DI POLLIO

«Dalla bocca dei fanciulli e dei lattanti
Tu hai tratto una forza.»

La grande stanza si trovava in un edificio non lontano dal Palazzo imperiale. Il pavimento era di marmo pulito e le colonne di porfido erano sostenute da una cupola rivestita. Un altare con la statua di un dio era alla fine dell'appartamento. Dei magistrati nelle loro tuniche occupavano le poltrone dalla parte opposta. Di fronte a loro c'erano alcuni soldati che facevano la guardia a un prigioniero. Il prigioniero era il giovane Pollio.

Il suo viso era pallido, ma il suo portamento era eretto e fermo. La rimarcabile intelligenza che lo aveva sempre caratterizzato, non lo aveva lasciato. I suoi occhi attenti catturavano ogni cosa. Egli sapeva dell'inevitabile destino che lo aspettava, eppure non c'era traccia di paura o indecisione in lui. Egli sapeva che i soli legami che lo trattenevano sulla terra erano stati staccati. Quella mattina presto la notizia della morte di sua madre l'aveva raggiunto. Gli era stata portata da un uomo che pensava che la conoscenza di questo, l'avrebbe fortificato nell'essere risoluto. Quell'uomo era Marcello. La gentilezza di Lucullo gli aveva fatto ottenere un colloquio. Il suo giudizio fu corretto. Mentre sua madre era in vita, il pensiero di lei, avrebbe indebolito la sua risolutezza; ora che era morta, anch'egli era desideroso di partire. Nella sua semplice fede credeva che la morte l'avrebbe riunito alla cara madre che amava così profondamente. Con questi sentimenti affrontò il giudizio.

"Chi sei?"

"Marco Servilio Pollio."

"Quanti anni hai?"

"Tredici."

Alla menzione del suo nome un mormorio di compassione si alzò in mezzo all'assemblea, perché quel nome era ben conosciuto a Roma.

"Sei incolpato del crimine di essere un Cristiano. Che cosa hai da dire?"

"Non sono colpevole di alcun crimine," disse il ragazzo.

"Sono un Cristiano e sono contento di avere la possibilità di confessarlo davanti agli uomini."

"E' come tutti gli altri," disse uno dei giudici. "Hanno tutti la stessa formula."

"Conosci la natura del tuo crimine?"

"Non sono colpevole di alcun crimine," ripeté Pollio. "La mia fede mi insegna ad avere timore di Dio ed onorare l'Imperatore. Ho ubbidito a tutte le leggi e non sono un traditore."

"Sono un Cristiano, ma non un traditore."

"La legge dello Statuto impedisce di essere un Cristiano, pena la morte. Se tu sei un Cristiano, devi morire."

"Sono un Cristiano," ripeté Pollio fermamente.

"Allora devi morire."

"Sia così."

"Ragazzo, sai cosa vuol dire affrontare la morte."

"Ho visto molto della morte negli ultimi mesi; ho sempre desiderato di deporre la mia vita per il Signore quando il mio turno fosse arrivato."

"Ragazzo, tu sei giovane. Abbiamo pietà della tua tenera età e della tua inesperienza. Sei stato addestrato in modo così peculiare che sei scarsamente responsabile della tua presente follia. A causa di questo, siamo disposti a darti un'altra possibilità. Questa religione che ti ha infatuato è una follia. Tu credi che un povero giudeo, che fu giustiziato duecento anni fa, è un Dio. Può qualcosa essere più assurdo di questo? La nostra religione è la religione di Stato, è sufficiente per soddisfare le menti dei giovani e dei vecchi, ignoranti ed istruiti. Lascia le tue pazze superstizioni e torna alla nostra più saggia e vecchia religione."

"Non posso."

"Tu sei l'ultimo di una nobile famiglia. Lo Stato riconosce la dignità e la nobiltà dei Servili. I tuoi antenati vivevano nell'agio e nel potere, tu sei un povero miserabile ragazzino e per di più prigioniero. Sii saggio, Pollio. Pensa alla gloria di chi ti ha preceduto e butta da una parte il miserabile ostacolo che ti porta lontano dalla loro illustre fama."

"Non posso."

"Hai vissuto un'esistenza miserabile. Il più povero mendicante di Roma stava meglio di te, il suo cibo è ottenuto con meno sforzo e meno umiliazione, il suo riparo è alla luce del giorno. Al di là di tutto è salvo, la sua vita gli appartiene, non ha bisogno di vivere nella paura della giustizia romana, ma tu hai dovuto condurre un'esistenza miserabile, nel bisogno, nel pericolo e nelle tenebre. Cosa ti ha dato la tua esaltante religione? Che cosa ha fatto per te questo giudeo divinizzato? Niente! Peggio di niente! Lascia, quindi, torna sui tuoi passi. Benessere, conforto, amici, onore dello Stato e il favore dell'Imperatore saranno tuoi."

"Non posso."

"Tuo padre fu una persona leale e un soldato coraggioso, morì in battaglia per il suo paese. Ti lasciò che eri solo un bambino, erede di tutti i suoi errori e l'ultimo successore della sua casa. Poco sapeva dell'influenza che ti circondava per condurti lontano. La mente di tua madre, indebolita dai dispiaceri, circondata da insidiosi stratagemmi, di falsi insegnanti, ti ha portato, per ignoranza, alla rovina. Il tuo nobile padre è vissuto perché tu potessi ora essere la speranza della sua linea genealogica; tua madre avrebbe anch'ella seguito la fede dei suoi illustri antenati. Dai un valore alla memoria di tuo padre? Non ti richiama ai tuoi doveri filiali? Pensi che non sia peccato portare disonore all'orgoglioso nome che porti e buttare così sciccamente infamia sull'illustre fama tramandatati dai tuoi padri? Manda via questa illusione che ti acceca. Per la memoria di tuo padre, per l'onore della tua famiglia, lascia la tua strada."

"Non ho portato loro disonore. La mia fede è pura e santa. Posso morire, ma non posso essere falso con il mio Salvatore."

"Vedi che siamo misericordiosi con te. Il tuo nome e la tua inesperienza provoca in noi pietà. Se fossi un comune prigioniero, ti offriremmo in poche parole la scelta fra la ritrattazione o la morte, ma vogliamo ragionare con te, perché non desideriamo vedere una nobile famiglia estinguersi per l'ignoranza e l'ostinatezza di un erede degenerato."

"Vi ringrazio per la vostra considerazione," disse Pollio.

"Ma le vostre motivazioni non hanno alcun peso per me, per me ciò che conta sono le affermazioni del mio Signore."

"Ragazzo sconsiderato! C'è qualcosa di molto più potente che ti spaventerà: l'ira dell'Imperatore è terribile."

"Eppure ancora più terribile è l'ira dell'Agnello."

"Tu parli un linguaggio incomprensibile. Cos'è l'ira dell'Agnello? Tu non sai cosa ti aspetta."

"I miei compagni e amici hanno già sopportato tutto quello che voi potete infliggere. Io spero di poter avere una tale forza."

"Puoi sopportare il terrore dell'arena?"

"Spero di avere più di una forza mortale."

"Puoi affrontare i leoni selvaggi e le tigri che balzeranno su di te?"

"Colui nel quale confido non mi lascerà solo nel momento del bisogno."

"Hai così fiducia?"

"Confido in colui che mi ha amato e ha dato se stesso per me."

"Hai pensato alla morte sul rogo? Sei pronto ad affrontare le fiamme?"

"Ahimé, se dovrò sopportarle, non indietreggerò. Il peggio finirà presto e poi sarò per sempre con il Signore."

"Fanatismo e superstizione hanno preso il completo possesso della tua vita. Tu non sai cosa ti aspetta. E' facile affrontare le minacce ed è facile usare parole per fare professioni di coraggio. Ma come sarà, quando ti si presenterà la crudele realtà?"

"Guarderò a colui che mai abbandona i suoi nel momento del bisogno."

"Egli non ha fatto niente per te!"

"Lui ha fatto tutto per me. Ha dato la propria vita perché io potessi vivere. Attraverso di lui ho ricevuto una vita più nobile di quella che voi mi volete togliere."

"Questo è uno dei tuoi soliti sogni. Come può essere possibile che un miserabile giudeo possa fare questo?"

"Egli è la pienezza della Deità, Dio manifestato in carne. Egli soffrì la morte nel corpo, così che noi potessimo ricevere vita nell'anima."

"Non c'è niente che possa aprire i tuoi occhi? Non è abbastanza che il tuo pazzo credo ti abbia portato una tale miseria e dolore? Vuoi andare ancora avanti? Quando vedrai che la morte è inevitabile, non ti allontanerai dai tuoi errori?"

"Lui mi dà la forza di superare la morte; io non ho paura. Guardo alla morte stessa come un cambio da questa vita di dispiaceri ad una immortalità di beatitudini. Se muoio a causa delle bestie feroci o delle fiamme, è lo stesso. Egli mi renderà capace di continuare fedelmente. Egli mi sosterrà e condurrà il mio spirito ad una vita immortale in Cielo. La morte di cui mi parlate non mi incute terrore; ma la vita a cui mi invitate è più terribile per me che un migliaio di morti."

"Per l'ultima volta ti diamo un'opportunità. Insensato ragazzo, fermati per un momento nella tua pazza corsa verso la follia. Dimentica per un istante gli insani consigli dei tuoi fanatici insegnanti. Pensa a tutto quello che ti è stato detto. C'è la vita davanti a te; una vita piena di gioia e di piaceri; una vita ricca di ogni benedizione. Onore, amici, benessere, potere, tutto è tuo. Un nome nobile, l'eredità della tua famiglia ti aspettano. Sono tutte tue. Per guadagnarle non devi fare altro che prendere questo calice e portare la tua libazione sull'altare degli dei, prendilo! E' un semplice atto; fallo velocemente. Salva te stesso dalla morte."

Tutti gli occhi erano fissi su Pollio durante quest'ultima offerta. Lo stupore aveva riempito le menti degli spettatori nel trovarlo così irremovibile.

Ma anche quest'ultimo appello non ebbe effetto. Pallido, ma risoluto, Pollio spinse via il calice offertogli.

"Non sarò mai falso verso il mio Signore."

A queste parole ci fu un momento di pausa.

Poi il capo dei magistrati parlò.

"Tu hai segnato la tua propria condanna. Andiamocene!", continuò, indirizzandosi ai soldati.

CAPITOLO 13
LA MORTE DI POLLIO

«Sii fedele fino alla fine ed io ti darò la corona della vita.»

La sentenza di Pollio fu rapida e definitiva. Il giorno seguente ci sarebbe stato uno spettacolo al Colosseo. Gli alti terrazzi erano affollati di Romani assetati di sangue e si verificò la solita, impressionante successione di orrori che è stata precedentemente descritta.

I gladiatori si batterono di nuovo uccidendosi l'un l'altro, singolarmente e in massa. C'era ogni tipo di combattimento conosciuto nell'arena e coloro che provocavano più morti, erano sicuri di trovare il favore della platea.

Come sempre erano presentate scene di sangue e agonia; il campione del giorno riceveva le congratulazioni dei volubili spettatori. Di nuovo l'uomo lottava contro un altro uomo o vinceva in un combattimento con una tigre. Ancora il gladiatore ferito guardava disperatamente in alto cercando misericordia, ma vedeva solo il segnale di morte attraverso il pollice voltato in giù degli spettatori senza cuore.

L'insaziabile appetito richiedeva ora un maggior numero di massacri. Il combattimento tra uomini di uguali capacità, per quel giorno aveva perso la sua attrattiva. Era risaputo che i Cristiani venivano tenuti per la conclusione dello spettacolo e la loro apparizione era attesa con ansia.

Lucullo si trovava fra le guardie vicino al trono dell'Imperatore. La sua fronte era aggrottata e la gaiezza di un tempo se ne era andata.

Più in alto, fra le sedie, dietro di lui, c'era qualcuno pallido in volto che era concentrato e fissava l'arena. C'era un'espressione di profonda ansia su quella faccia che la rendeva diversa da quella di tutti gli altri.

In quel momento si sentì il rumore delle sbarre che si alzavano e una tigre piombò nell'arena. Innalzando il suo capo cominciò a guardare con occhi malvagi la vasta assemblea di esseri umani lì riuniti.

Presto si innalzò un forte mormorio: un ragazzo era stato gettato nell'arena. Era pallido, magro e la sua esile figura era niente di fronte all'enorme massa della bestia furiosa. Come se non bastasse, per deriderlo maggiormente era stato vestito da gladiatore.

Eppure, a dispetto della sua giovinezza e della sua debolezza, non c'era niente nel suo viso o nelle sue maniere che tradisse paura. Il suo sguardo era calmo e astratto. Si mosse tranquillamente al centro dell'arena e lì, davanti a tutti, unì le sue mani e alzando i suoi occhi, cominciò a pregare.

Nel frattempo la tigre continuava a muoversi intorno. Aveva visto il ragazzo, ma la sua vista non aveva provocato nessuna reazione; buttava lo sguardo verso il muro e di tanto in tanto, lanciava un feroce ruggito.

L'uomo con la faccia rattristata, intanto, guardava con tutta l'anima assorta in contemplazione.

Sembrava non ci fosse nessun desiderio da parte della tigre di attaccare il ragazzo, che continuava a pregare.

La moltitudine era diventata impaziente. I mormorii crescevano e le persone lanciavano grida per provocare la tigre in modo che attaccasse.

Ma in quel momento, nel bel mezzo del tumulto, si udì il suono di una voce profonda e terribile:

"Fino a quando aspetterai, o Signore santo e veritiero,
per fare giustizia e vendicare il nostro sangue
su quelli che abitano sopra la terra?"

Seguì un profondo silenzio. Ognuno, colto di sorpresa, guardò il proprio vicino.

Ma il silenzio fu presto rotto dalla stessa voce, che echeggiò con terrificante enfasi:

"Ecco, Egli viene con le nuvole e ogni occhio lo vedrà;
lo vedranno anche quelli che lo trafissero e tutte le tribù
della terra faranno lamenti per lui. Sì, amen.

Sei giusto, Tu che sei e che eri, Tu,
il santo per aver così giudicato.

Essi infatti hanno versato il sangue dei santi e dei profeti e
Tu hai dato loro sangue da bere; è quello che meritano.

E udii dall'altare una voce che diceva: Sì, o Signore,
Dio onnipotente, veritieri e giusti sono i tuoi giudizi."

In quel momento i mormorii, i pianti e le grida passarono in second'ordine. Presto la causa di tale disturbo divenne nota.

"E' un maledetto Cristiano." – "E' il fanatico Cinna!" – "E' stato rinchiuso per quattro giorni senza cibo." – "Portatelo fuori." "Lanciatelo alle tigri!"

Le grida e le esecrazioni sorsero fino a diventare un unico, vasto ruggito. La tigre girava intorno con frenesia. I guardiani delle belve all'interno udirono le parole della moltitudine e si affrettarono ad ubbidire.

Presto le grate si apersero. Spaventosamente emaciato e orribilmente pallido, egli venne fuori con passo tremolante. I suoi occhi bramavano cose non terrene, le sue gote erano infiammate, i suoi capelli e la lunga barba erano tutti arruffati.

La tigre lo vide e si avvicinò a lui piano piano. Arrivata ad una breve distanza la belva furiosa si accovacciò. Il giovane si buttò sulle ginocchia guardando, ma Cinna non vide la tigre. Egli aveva fissato i suoi occhi sulla folla e ondeggiando il suo braccio, gridava con lo stesso tono di minaccia:

"Ahimé, ahimé, ahimé, abitanti della terra!"

La sua voce fu strozzata nel sangue. Ci fu un balzo, una caduta e poi più nulla.

Ora la tigre si stava rivolgendo verso il ragazzo. La sua sete di sangue era al massimo; con la chioma ruvida, occhi infiammati era pronta ad affrontare la sua preda.

Il ragazzo si rese conto che la fine stava per arrivare e ancora cadde sulle sue ginocchia. La folla era in silenzio e aspettava con profonda eccitazione la nuova scena di sangue. L'uomo che stava seguendo così attentamente, si alzò in piedi, guardando la scena sotto di lui. Alte grida che crescevano continuamente arrivarono da dietro di lui. "Giù, giù, siediti! Ci stai oscurando la visuale!"

Ma l'uomo non sentì o forse di proposito non fece caso alle urla. Alla fine la folla era diventata così rumorosa che gli ufficiali di sotto si girarono per vederne la causa.

Lucullo era uno di loro. Voltandosi vide l'intera scena e divenne pallido come un morto.

"Marcello!", gridò. Per un momento barcollò, ma poi scappò dal luogo del disturbo.

Ora un profondo mormorio si alzò dalla moltitudine. La tigre, che aveva girato e girato intorno al ragazzo cercando di farlo agitare con la sua grande furia, si era accovacciata pronta per un balzo.

Il ragazzo si alzò. Sul suo viso c'era un'espressione serafica, i suoi occhi erano pieni di entusiasmo. Non vedeva più l'arena, i muri circostanti, l'estensione delle sedie con le innumerevoli facce; non vedeva più gli sguardi spietati dei crudeli spettatori, o la gigantesca forma del suo selvaggio nemico.

Il suo spirito elevato sembrava entrare già attraverso i cancelli d'oro della Nuova Gerusalemme e la gloria ineffabile del pieno giorno del Cielo scintillava sul suo sguardo.

"Madre, sto per raggiungerti! Signore Gesù, ricevi il mio Spirito!"

Le sue parole suonarono chiare e dolci alle orecchie della moltitudine. Quando esse terminarono, la tigre balzò. Il momento successivo non ci fu altro che una massa seminascosta nella nuvola di polvere.

Il dramma finì. La tigre si ritirò, il terreno era rosso di sangue, e lì giaceva la forma del coraggioso, nobile Pollio.

Poi, tra il silenzio che seguì, venne un grido che suonò come una tromba e scosse tutti i presenti:

"O morte, dov'è il tuo dardo? O tomba, dov'è la tua vittoria. Grazie sia a Dio che ci dà la vittoria attraverso il nostro Signore Gesù Cristo."

Un migliaio di uomini sorsero con simultanea rabbia e indignazione. Diecimila mani erano tese verso il coraggioso intruso.

"Un Cristiano" – "Un Cristiano!" – "Al rogo." – "Gettatelo alla tigre!" – "Buttatelo nell'arena!"

Tali erano le urla che attrassero l'attenzione. Lucullo raggiunse Marcello giusto in tempo per salvarlo da una folla di Romani inferociti che volevano farlo a pezzi. La tigre sotto non era mai stata così furiosa e assetata di sangue. Lucullo saltò in mezzo a loro, spingendoli a destra e sinistra come un domatore tra le belve.

Sopraffatti dalla sua autorità, si fecero indietro e i soldati si avvicinarono.

Lucullo affidò loro Marcello e condusse la compagnia fuori dall'anfiteatro.

Fuori, lui stesso si prese la responsabilità del prigioniero. I soldati li seguirono.

"Ahimé, Marcello! Pensi che sia stato saggio gettare la tua vita in quel modo?"

"Ho parlato sotto l'impulso del momento. Quel caro ragazzo che amavo è morto sotto i miei occhi! Non ho potuto trattenermi, eppure non me ne pento. Anch'io sono pronto a deporre la mia vita per il mio Re e mio Dio."

"Non posso questionare con te! Tu vai al di là di ogni ragionamento."

"Non volevo tradire me stesso, ma dal momento che l'ho fatto, sono contento. Anzi, sono contento, e gioisco del fatto che questa è la mia opportunità per soffrire per il mio Redentore."

"Ahimé, amico mio! Non tieni in nessun conto la tua vita?"

"Io amo il mio Salvatore più della mia stessa vita."

"Vedi, Marcello, la strada davanti a te è aperta. Puoi correre velocemente. Corri e sarai salvo."

Lucullo gli sussurrò queste parole frettolosamente. I soldati si trovavano ad una ventina di passi lontano da loro. L'opportunità di scappare era a suo favore.

Marcello strinse la mano del suo amico.

"No, Lucullo. Non voglio guadagnare la mia vita a scapito del tuo disonore. Io amo il cuore tenero che ha pronunciato queste parole, ma non dovrai affrontare delle difficoltà a causa della tua amicizia con me."

Lucullo lo fissò e si allontanò in silenzio.

CAPITOLO 14
LA TENTAZIONE

«Tutte queste cose ti darò, se tu ti prostri e mi adori.»

Quella notte Lucullo rimase nella cella con il suo amico. Cercò ogni possibile argomento per scrollare la sua risolutezza, si appellò ad ogni motivo che comunemente influenza gli uomini, non lasciò nulla di intentato; tutto fu invano, la fede di Marcello era troppo ferma, essa era fondata sulla Rocca dei Tempi e né la tempesta più violenta, o la tenera influenza di un'amicizia, potevano indebolire la sua determinazione.

"No," disse egli, "la mia scelta è fatta, io devo seguire ciò che sta di fronte a me. Ho soppesato tutte le conseguenze delle mie azioni, ma a dispetto di tutto, continuerà come ho iniziato."

"Ti sto chiedendo solo una piccola cosa," disse Lucullo. "Non voglio che tu rinunci alla tua religione per sempre, ma solo per il momento. Sta sorgendo una terribile persecuzione e davanti alla sua furia tutti devono cadere, siano essi giovani o vecchi, alti o bassi. Tu hai visto che non c'è alcun rispetto per la classe o l'età. Pollio sarebbe stato salvato se fosse stato possibile; c'era una grande simpatia nei suoi confronti, era giovane e difficilmente incolpabile dei suoi errori; era anche nobile, l'ultimo di un'antica famiglia, ma la legge è inesorabile ed egli ha sofferto la sua pena. Anche Cinna, poteva essere risparmiato. Non era né più né meno che un pazzo, ma è così forte lo zelo contro i Cristiani che anche la sua evidente pazzia non gli ha dato sicurezza."

"Lo so bene. Il Principe delle tenebre si scaglia contro la Chiesa di Dio, ma essa è fondata sulla Roccia e i cancelli dell'inferno non possono prevalere contro di lei. Non ho forse visto gli onesti, i puri, i nobili, i santi e gli innocenti soffrire tutti nello stesso modo? Pensi che non sappia che non c'è misericordia per i Cristiani? Lo sapevo già da molto tempo. Sono stato sempre preparato alle conseguenze fin dal momento che ho accettato Gesù Cristo come mio Signore e Salvatore."

"Ascoltami, Marcello. Ho detto di averti chiesto una piccola cosa. Non hai bisogno di rinunciare a questa religione che ti ha chiesto un prezzo così alto da pagare. Tienitela, se deve essere così, ma riconosci le circostanze intanto che le acque sono ancora calme. Accetta il consiglio di un uomo saggio, non di un fanatico."

"Che cosa intendi dire?"

"Questo. Nel giro di pochi anni avverrà un cambiamento. Anche la persecuzione diminuirà, o avverrà una reazione, o forse l'Imperatore morirà e altri governanti con sentimenti diversi sorgeranno. Ci sarà così sicurezza per i Cristiani. Allora le persone che ora sono afflitte, potranno uscire dai loro luoghi nascosti, tornare alla loro vecchia occupazione e recuperare dignità e benessere. Ricordati questo. Non buttare così la tua vita che può servire allo Stato e rendere felice te stesso. Pensa un po' a te stesso, guarda alla tua vita. Lascia da parte la tua religione solo per un po', e ritorna a quella di Stato. Sarà solo per un tempo. Così puoi scampare al presente pericolo e quando tempi migliori arriveranno, tornare ad essere di nuovo un Cristiano."

"Questo è impossibile, Lucullo. E' qualcosa che la mia anima aborrisce. Come potrei essere ipocrita? Se tu sapessi cosa è avvenuto in me, non mi chiederesti di abiurare il mio Dio e rinunciare alla mia anima immortale. E' meglio morire una volta fra le torture più severe che possono essere inflitte."

"Tu stai prendendo una via così estrema, che non so più come salvarti. Non è abiurare, è strategia; non è ipocrisia, ma saggezza."

"Dio mi proibisce di fare tali cose e peccati contro di lui."

"Guarda al di là di questo. Non ne beneficerai tu solo, ma anche gli altri. I Cristiani che ami saranno assistiti da te molto di più di quanto lo siano ora. Nella loro situazione presente tu sai bene che non sono in grado di vivere della simpatia e assistenza di coloro che professano la religione di Stato, ma nel segreto essi preferiscono la religione dei Cristiani. Questi uomini li chiameresti ipocriti e spergiuri? Non sono piuttosto benefattori e amici?"

"Questi uomini non hanno mai conosciuto la fede e la speranza dei Cristiani che io ho. Non hanno mai conosciuto la nuova nascita, la nuova natura divina, la stabile presenza dello Spirito Santo, la comunione con il Figlio del Dio vivente, come io ora conosco. Non hanno conosciuto l'amore di Dio che esplode nel cuore per dar loro nuovi sentimenti, speranze e desideri. Per loro simpatizzare per i Cristiani e aiutarli è una cosa buona, ma il Cristiano che è tanto vile da abiurare la sua fede e negare il Salvatore che lo ha redento, non potrebbe mai avere abbastanza generosità nella sua anima traditrice per assistere i suoi fratelli abbandonati."

"Quindi, Marcello, ho un'ultima offerta da farti e poi me ne andrò. E' l'ultima speranza e non so se sarà possibile o meno. Proverò comunque, sperando di guadagnare il tuo consenso. E' la seguente: non hai bisogno di abiurare la tua fede; non devi fare sacrifici agli dei; non devi fare niente di ciò che disapprovi. Dimentica il passato. Ritorna di nuovo, non con il cuore, ma solo in apparenza, a ciò che eri prima. Tu eri un brillante soldato, devoto ai tuoi doveri. Non hai mai preso parte a servizi religiosi, eri raramente presente nei templi, hai passato il tuo tempo nel campo e la tua devozione era in privato. Hai raccolto tutte le istruzioni dai libri dei filosofi e non dei sacerdoti. Che sia così ancora; ritorna ai tuoi doveri."

"Appari ancora in pubblico in mia compagnia; coinvolgiti in piacevoli conversazioni, e consacra te stesso ai tuoi vecchi scopi. Sarà facile e piacevole da fare e non ti richiederà niente che sia vile o disgustoso. Le autorità chiuderanno gli occhi sulla tua assenza e la tua cattiva condotta, e, anche se non vorranno farti tornare ai tuoi vecchi onori, sarai messo al tuo vecchio comando nella legione. Le cose andranno bene, sarà necessaria un po' di discrezione, un saggio silenzio, un apparente ritorno ai compiti del passato. Se tu rimani a Roma si penserà che la notizia della tua conversione era sbagliata; se tu te ne vai non si saprà."

"No, Lucullo, anche se acconsentissi, il piano che tu mi proponi non sarebbe possibile per molte ragioni. Sono state fatte delle affermazioni su di me, sono state offerte ricompense per il mio arresto e, soprattutto, la mia ultima apparizione al Colosseo davanti all'imperatore, non lascia spazio a nessuna speranza di perdono. In ogni caso, non posso acconsentire. Il mio Salvatore non può essere adorato in questa maniera. I suoi seguaci lo devono confessare apertamente. 'Chiunque,' egli disse, 'mi riconoscerà davanti agli uomini, anch'io riconoscerò lui davanti al Padre mio che è nei cieli.' Rinnegarlo nella mia vita, anche se apparentemente, è precisamente lo stesso che negarlo in maniera formale come la legge ordina. Non posso farlo. Io amo colui che mi ha amato per primo e ha dato sé stesso per me. La mia gioia più grande è proclamarlo davanti agli uomini; morire per lui sarà il mio atto nobile e la corona dei martiri, la mia più gloriosa ricompensa."

Lucullo non disse più nulla, perché si rese conto che ogni tentativo di persuasione era inutile. Il tempo rimanente fu speso in conversazioni su altri argomenti. Marcello non sprecò queste ultime preziose ore trascorse con il suo amico.

Pieno di gratitudine per il suo affetto nobile e generoso, lo ricompensò condividendo con lui il più grande tesoro che l'uomo possa possedere: la fede in Cristo.

Lucullo lo ascoltò pazientemente, più per amicizia che per interesse. Eppure, alcune delle parole di Marcello rimasero impresse nella sua memoria.

Il giorno seguente ebbe luogo il processo. Fu breve e formale. Marcello fu irremovibile e ricevette la condanna con contegno. Lo stesso pomeriggio sarebbe avvenuta l'esecuzione. Egli doveva morire, non assalito da bestie feroci e nemmeno per mano di un gladiatore, ma fra gli atroci tormenti del rogo.

Era nel luogo dove tanti Cristiani avevano portato la loro testimonianza della verità, che Marcello suggellò la sua fede con la sua vita. Il palo fu posto nel centro del Colosseo, e le fascine appoggiate tutt'intorno.

Marcello entrò, condotto da guardie brutali, che aggiungevano colpi e derisioni all'orrore della punizione che si avvicinava. Guardò intorno al vasto circolo di visi, uomini e donne duri, crudeli e senza pietà; guardò l'arena e pensò alle migliaia di Cristiani che lo avevano preceduto nella sofferenza e che erano andati a raggiungere il nobile esercito di martiri che avrebbe adorato per l'eternità intorno al trono.

Pensò alla morte di tutti quei bambini alla quale aveva assistito e ritornò alla sua mente il loro trionfante canto:

A Colui che ci ha amati
A Colui che ha lavato i nostri peccati.

Ora le guardie lo stavano spingendo rudemente conducendolo al palo, dove lo legarono con grosse catene così che, scappare fosse impossibile.

"Sono pronto ad essere offerto," mormorò, "il tempo della mia partenza è vicino ... davanti a me giace la corona della giustizia, che il Signore, il giusto Giudice, mi darà un giorno."

La torcia si avvicinò, le fiamme si alzarono e un denso volume di fumo negò la vista del martire per un momento. Quando passò, lo videro di nuovo in piedi in mezzo al fuoco con il viso verso l'alto e le mani giunte.

Le fiamme salirono intorno a lui. Si facevano sempre più vicine e, divorando le fascine, lo accerchiarono. Dopo aver lasciato su di lui un nero velo di fumo, ripresero forza avvolgendolo con le loro lingue biforcute.

Ma il martire se ne stava ancora eretto, calmo tra la sofferenza, sereno nella sua agonia, per fede vedeva il suo Salvatore. Egli era lì, anche se gli altri non potevano vederlo; le sue braccia piene d'amore erano intorno al suo fedele servitore, e il suo Spirito lo consolava.

Le fiamme crebbero e crebbero. La vita fu assalita più violentemente, tremante nella sua fortezza, e lo spirito fu pronto a volare verso il suo Paradiso di riposo.

Alla fine, il sofferente ebbe un inizio convulsivo, come se il dolore fortissimo fosse diventato irresistibile, ma compiendo un violento sforzo ebbe la meglio sul suo dolore. Alzò le sue braccia verso l'alto e diede un flebile cenno d'addio. Poi, con un ultimo, sovrumano sforzo, gridò a più non posso: "Vittoria."

La vita sembrava averlo lasciato, perché cadde fra le fiamme violente. Lo spirito di Marcello era "partito per essere con Cristo, che è cosa di gran lunga migliore."

CAPITOLO 15
LUCULLO

«La memoria del giusto è benedetta.»

Alla scena di tortura e di morte, c'era uno spettatore la cui faccia, piena di angoscia, non staccò mai lo sguardo da Marcello; i cui occhi videro ogni atto ed espressione, le cui orecchie assorbirono ogni parola. Quando tutti ormai se ne erano andati, lui rimase nello stesso posto, l'unico essere umano in quella vasta estensione di sedie vuote. Alla fine, si alzò per andarsene.

L'antica elasticità dei suoi passi se ne era andata. Si muoveva in modo lento e flebile; il suo sguardo perso nel vuoto e la sua espressione di dolore lo rendevano come un uomo colpito da una malattia.

Si mosse verso alcune delle guardie, che apersero per lui i cancelli che conducevano all'arena.

"Portatemi un'urna per le ceneri," disse, camminando verso i resti.

Alcuni frammenti di ossa, polverizzati dalla furia delle fiamme, erano tutto quello che rimaneva di Marcello.

Silenziosamente, Lucullo prese l'urna che le guardie gli avevano portato, e raccogliendo quanti più frammenti potesse trovare, portò via le ceneri.

Mentre si allontanava fu affiancato da un vecchio e si fermò meccanicamente.

"Cosa volete da me?", chiese cortesemente.

"Sono Onorio, un anziano tra i Cristiani. Un mio caro amico è stato messo a morte oggi in questo posto. Sono venuto a vedere se posso ottenere i suoi resti."

"E' bene che vi siate rivolto proprio a me, venerabile uomo", disse Lucullo. "Se aveste dichiarato il vostro nome ad altri, sareste stato arrestato, perché c'è una taglia sulla vostra testa, ma io non posso rispondere alla vostra richiesta. Marcello è morto e i suoi resti sono qui in quest'urna. Saranno depositati nella tomba della mia famiglia con i più alti onori, perché lui era il mio migliore amico e la sua perdita rende la terra vuota per me e la vita un peso."

"Voi, quindi," disse Onorio, "non potete essere altri che Lucullo, colui di cui ho sempre sentito parlare con parole d'affetto?"

"Sono io. Mai si sono trovati due amici fedeli come eravamo noi. Se fosse stato possibile, io l'avrei salvato. Non sarebbe mai stato arrestato, se non avesse gettato sé stesso nelle mani della legge. O triste destino! Quando feci in modo che non potesse essere arrestato, lui andò davanti all'Imperatore in persona, costringendomi a portare, con le mie stesse mani, colui che amavo in prigione e alla morte."

"Quello che per voi è una perdita, è per lui un immenso guadagno. Egli è entrato in possesso della felicità immortale."

"La sua morte è stata un trionfo," disse Lucullo. "Ho visto tanti Cristiani morire, ma mai sono stato così colpito dalla loro speranza e fiducia. Marcello è morto come se la morte fosse un'inspiegabile benedizione."

"Era così per lui, ma non è così per tutti coloro che giacciono seppelliti nel tenebroso posto dove sono costretti a dimorare. Al loro numero vorrei aggiungere i resti di Marcello. Vorreste acconsentire a questo?"

"Avevo sperato, venerabile Onorio, che dal momento che il mio caro amico mi ha lasciato, io potessi avere il magro piacere di dare ai suoi resti un degno onore e piangere sulla sua tomba."

"Ma, nobile Lucullo, non pensate che il vostro amico avrebbe preferito essere seppellito con una semplice cerimonia della sua nuova fede e riposare tra quei martiri ai cui nomi si è associato per sempre?"

Lucullo restò in silenzio, pensando per alcuni momenti.

Alla fine, parlò:

"Sui suoi desideri non ho alcun dubbio. Li rispetterò, e negherò a me stesso l'onore di organizzare un funerale. Prendeteli, Onorio, ma io assisterò alla vostra cerimonia. Permetterete al soldato, che solo conoscete come vostro nemico, di entrare nel vostro ritrovo ed essere testimone dei vostri atti?"

"Sarete il benvenuto, nobile Lucullo, come Marcello è stato accolto prima di voi e forse, anche voi riceverete la stessa benedizione che è stata accordata a lui."

"Non sperate niente del genere," disse Lucullo, "io sono molto diverso da Marcello in gusti e sentimenti. Posso imparare a sentire simpatia per voi, o addirittura ammirarvi, ma mai mi unirò a voi."

"Venite con noi, in ogni modo e siate presente al funerale del vostro amico. Un messaggero verrà per voi domani."

Lucullo diede il suo assenso e dopo aver consegnato la preziosa urna nelle mani di Onorio, se ne andò triste a casa sua.

Il giorno seguente si recò con il messaggero alle Catacombe. Lì vide la comunità Cristiana e vide il luogo dove vivevano, ma dai precedenti resoconti del suo amico, si era già fatto una chiara idea della loro vita, delle loro sofferenze e afflizioni.

Un lamento si alzò nelle oscure volte e fece eco a lungo nei sentieri; si alzò in quelle volte comunicando che un nuovo fratello era destinato alla tomba, ma il dolore che parlava di dispiacere mortale, fu sostituito da una più elevata tensione esprimendo la fede dell'anima e la speranza piena di desiderio per il proprio amato Signore.

Onorio prese il prezioso rotolo, la Parola della Vita, le cui promesse erano così potenti da sostenere nel mezzo del più grande dolore; con tono solenne, lesse dalla lettera ai Corinzi che in ogni tempo e in ogni clima, è stata così cara al cuore da guardare al di là del tempo, per cercare conforto nella prospettiva della risurrezione.

Poi alzò il suo capo e con tono fervente innalzò la sua preghiera al Dio Santo del cielo, attraverso Cristo, il divino Mediatore, per cui la morte è stata conquistata e la vita eterna assicurata.

La pallida, triste faccia di Lucullo era evidente tra coloro che piangevano. Anche se non era un Cristiano, poteva ammirare una tale, gloriosa dottrina e ascoltare con timore ad una così grande speranza. Fu lui che pose gli amati resti nel suo finale luogo di riposo, lui, i cui occhi diedero l'ultima occhiata alle care spoglie e lui, le cui mani si alzarono verso la lapide su cui il nome e l'epitaffio di Marcello fu scritto.

Lucullo tornò a casa, ma era un uomo diverso. La gaiezza della sua natura sembrava essere stata sostituita dalle severe afflizioni che aveva dovuto affrontare.

Egli aveva affermato che non sarebbe diventato un Cristiano. La morte del suo amico l'aveva riempito di tristezza, *ma non c'è dispiacere per il peccato, non c'è pentimento, né desiderio che si possa sostituire alla conoscenza del Dio vero e vivente*. Egli aveva perso il potere di trarre piacere dal mondo, ma non aveva guadagnato altra risorsa per la felicità.

Eppure la memoria del suo amico produsse un effetto su di lui. Cominciò a provare simpatia per le persone povere e oppresse a cui Marcello si era unito; ammirava la costanza e si dispiaceva per le loro immeritate sofferenze. Vide che tutte le virtù e la bontà rimaste a Roma erano nelle mani di questi poveri emarginati.

Questi sentimenti lo condussero ad assisterli. Egli trasferì a loro l'amicizia e la promessa di aiuto che una volta aveva dato a Marcello. I suoi soldati non arrestarono più nessuno, o se lo facevano era perché ci sarebbe stata una via per scappare. La sua posizione elevata e i legami influenti che aveva, furono al servizio dei Cristiani. Il suo palazzo era ben conosciuto da loro come il luogo più sicuro per avere rifugio e assistenza ed il suo nome era da tutti onorato.

Tutte le cose però hanno una fine; così le costanti sofferenze dei Cristiani e l'amicizia di Lucullo terminarono. Dopo circa un anno dalla morte di Marcello, l'austero Imperatore Decio fu detronizzato e un nuovo governante salì al suo posto. La persecuzione si fermò. La pace ritornò nelle assemblee, i Cristiani uscirono dalle Catacombe per dimorare di nuovo alla luce del sole, per comunicare le lodi di colui che li aveva redenti, per continuare la lotta senza fine con il male.

Gli anni passarono, ma nessun cambiamento avvenne in Lucullo. Quando Onorio uscì dalle Catacombe, fu portato da Lucullo nel suo palazzo e mantenuto per il resto della sua vita. Egli voleva ripagare il suo debito di gratitudine verso il nobile benefattore condividendo la verità, ma morì senza vedere il suo desiderio realizzato.

Le benedizioni vennero, ma non immediatamente; alla fine della sua vita il Salvatore fece breccia nella vita di Lucullo. Da diversi anni, il mondo aveva perso il suo fascino; il benessere, l'onore e il potere non significavano più niente per lui, la sua vita era piena di una tristezza che nessuno poteva curare. A quel punto lo Spirito del Signore si posò su di lui e attraverso il suo divino potere, lo rese capace di gioire dell'amore di quel Salvatore, che aveva conquistato così tanti cuori.

Molti secoli sono trascorsi sulla città dei Cesari dalla persecuzione di Decio, che aveva costretto gli umili servitori di Gesù alla vita nelle tenebrose Catacombe. Facciamo qualche passo nella Via Appia e guardiamoci intorno.

Davanti a noi sta la lunga fila di tombe, su, fino alla città antica. Qui gli uomini potenti di Roma, un tempo trovarono riposo, portando con loro, anche se nelle proprie tombe, tutto il fasto del benessere, della gloria e del potere. Sotto i nostri piedi stanno le semplici tombe di coloro che in vita furono scacciati come indegni di respirare l'aria del cielo.

Ed ora, che cambiamento! Intorno a noi giacciono queste imponenti tombe in rovina, sconsacrate, le porte distrutte, le loro ceneri in balia del vento. I nomi della maggior parte di coloro che furono sepolti qui sono sconosciuti; l'impero che avevano eretto è caduto; le legioni da loro condotte a conquistare, dormono del sonno che non conosce risveglio fino alla seconda resurrezione.

Tuttavia con la memoria ai perseguitati che riposano al di sotto, l'assemblea di Dio sulla terra guarda indietro adorando il Signore; i loro sepolcri sono diventati luogo di pellegrinaggio e il lavoro in cui essi ebbero una parte così nobile ci è stato tramandato e continuerà fino al ritorno di Cristo.

Umiliati, disprezzati, scacciati, afflitti, affamati ... il loro nome non si troverà scritto sui libri di storia, ma noi sappiamo bene, che questi nomi sono scritti nel Libro della Vita e la loro comunione sarà con coloro di cui è scritto:

"Sono quelli che vengono dalla grande tribolazione.

Essi hanno lavato le loro vesti e le hanno imbiancate nel sangue dell'Agnello. Perciò sono davanti al trono di Dio e lo servono giorno e notte nel suo tempio; e colui che siede sul trono stenderà la sua tenda su di loro. Non avranno più fame e non avranno più sete.

Non li colpirà più alcuna arsura perché l'Agnello che è in mezzo al trono li pascerà e li guiderà alle sorgenti delle acque della vita; e Dio asciugherà ogni lacrima dai loro occhi."

Speranza per l'Europa

66 Tesi
di
Thomas Schirrmacher

Prefazioni di
Peter Regez e Roberto Mazzeschi

Come possiamo dimostrare il basamento biblico della nostra speranza e affermarlo di fronte sia ai credenti impegnati che ai non credenti? Come possiamo dichiarare quali siano le nostre speranze ai membri del Parlamento, agli uomini d'affari, alle madri di famiglia? Come possiamo sventolare una bandiera di speranza in un mondo che affoga nella disperazione e nel pessimismo?

Siamo quindi profondamente felici di presentare le tesi del Dott. Thomas Schirrmacher. Queste affermazioni combinano il nostro desiderio di rendere accessibile a molti, teologi e laici, il tesoro della speranza biblica, con quello di incoraggiarli a considerare la questione.

76 p. ▪ 8,-- € / 15,-- CHF
ISBN 978-3-933372-09-3

VTR ▪ Gogolstr. 33 ▪ 90475 Nürnberg ▪ Germania
VTR Pubblicazioni, Via Bentivoglio, 8, 29100 Piacenza, Italia
http://www.vtr-online.eu

Vi prego inviarmi gratis e senza impegno
il **NUOVO TESTAMENTO**
ed il libro **GESÙ, UN INCONTRO SPECIALE**
(scrivere in stampatello)

Nome ....

Cognome ....

Via ....

Cap. .... Città ....

Ritagliare la cedola e spedirla a

SOLI DEO GLORIA
C.P. 113
29100 Piacenza

Spazio per il timbro

www.ingramcontent.com/pod-product-compliance
Lightning Source LLC
Chambersburg PA
CBHW032022040426
42448CB00006B/709